学級経営サポートBOOKS

いつからでも**挽回**できる！

時期別 学級立て直しガイド

高本 英樹 著

明治図書

はじめに

　「6月」「9月」「11月」「2月」が，1年間で学級が荒れやすい時期として取りざたされることがあります。しかしそれは，その時期になって急に起こるわけではありません。

　それまで蓄積されてきた教師と子どもの意識のズレに対して子どもの不満が溜まっていき，それに教師が気づかないでいる状態のときに，教師の関わり方のまずさが引き金となって荒れが顕在化するのです。

　では，ズレとは何なのでしょうか。ここでいうズレとは，教師が子どもに求めるものと，子どもが教師に求めるものとのズレを指します。

　では，なぜズレが起こるのでしょうか。

　私は，多くの荒れた学級を担任してきました。また，周囲には今でも荒れた学級が存在し，その担任の先生の日々の実践を見たり聞いたりしています。そして，セミナーを開くと，学級づくりに悩む若い先生がたくさんいらっしゃいます。個人的に相談に来られる先生もいます。そうした先生方のお話と私の経験値に，「学級集団づくりのプロ」と呼ばれる著名な先生方の英知を照らし合わせて考えたとき，このズレが生じる3つの理由が浮かびました。

　子どもたちがよりよい学級集団を形成するには，ある成熟過程が存在します（河村茂雄『学級集団づくりのゼロ段階』（図書文化）参照）。その成熟過程に照らし合わせてみると，各時期における教師の子どもへの接し方は異なってくるはずです。1年間，同じ接し方でいいというわけにはいかないのです。この成熟過程に合致した接し方を教師が行っていないと，子どもとのズレが生じます。

　ただし，いくら成熟過程を学んだとしても，それらは一般的な話であって，自分の学級の現状と合っているとは限りません。一般的な成熟過程だけを見て子どもに接していると，ここでズレが生じます。教師側は「もうこの時期になったら，これくらいはできるだろう」と思って子どもに要求するので

すが，子どもたち側の成長段階がそれに伴っていないといったことがあります。ここに，ズレが生じる1つめの理由があります。

　そして，学校にはいろいろな行事や集会や展覧会などが存在します。それらの目標達成のために，教師は子どもに課題を与えます。この課題の量や質を，そのときの子どもの力量と比較したとき，ズレが生じることがあります。

　例えば，音楽発表会。「毎年，○年生はこのレベルの合奏をしているよ」と周囲の先生に教えられ，それをそのまま子どもに課したとします。ところが，この課題をクリアするのが難しすぎたり，簡単すぎたりすると，子どもの不満が増加します。教師は目の前の子どもたちに合うように課題の調整をするべきなのですが，それがうまくできないでいると問題が起こります。これが，ズレが生じる2つめの理由です。

　3つめの理由は，子どもの欲求に対する教師の無理解にあります。子どもだって「先生に○○してほしい」とか，「学校でこんなことをしてほしい」という欲求をもっています。それに理解を示すことなく，常に教師や学校の要求を一方的に押しつけていると，子どもの心とのズレが生じます。

　以上が学校現場でズレが生じる3つの理由です。

　本書では，各時期にどんな接し方が必要で，それができていないと子どもとの間にどんなズレが生まれるのか，またどのように荒れにつながるのかを明らかにしました。さらに，そのような荒れが起こったときの接し方や，対応の方法を掲載しています。

　これらがすべての荒れの解決方法になるとは思いません。お読みいただいたことをもとに，先生方がいろいろアレンジして実践されることをおすすめします。そして，ご自分のクラスに合った対応策を見つけていただきたいと思います。きっと，そこからが，皆さんの学級の立て直しのスタートになると考えています。

2020年1月　高本　英樹

時期別 子どもとの「関わり方」 チェックリスト

　実は，ある特定の時期の教師の関わり方が，学級の荒れにつながってしまうことがあります。教師としては学級のためによかれと思ってやっていることが，実は逆効果になる場合がある…というものです。

　そんな「学級の荒れにつながりかねない子どもとの関わり方」を，時期ごとにまとめてみました。ご自分の関わり方と比較しながらチェックしてみてください。なお，1，2個当てはまったからといって，すぐに荒れにつながるわけではありません。ただし，それが繰り返し行われている場合は要注意です。

前年度の荒れをひきする4月，こんな関わり方をしていませんか？ ………………思い当たったら p.24へ

1	前年度までの荒れの経緯は横に置いて，新たな気持ちで1年を始めている。
2	悪いことは悪いと子どもに反省させて，自己改善するように促している。
3	これまでに築かれた学級内の上下関係やグループを即座に解体し，人間関係をやり直させている。
4	何か問題行動があったら，有無を言わさず家庭連絡し，保護者にも指導をお願いしている。
5	授業は大切であるから，指示が通らない場合は中断してでも全員が授業に参加するように言い聞かせている。
6	係や当番の仕事は，責任ある行動をとらせるためにも，やらない子に厳しい指導を加えてきちんとやらせるようにしている。
7	子どもからの無理な要求は一切拒否し，教師の威厳を確立しようとしている。
8	表面に出てくる子どもの問題行動を抑え，学級全体を落ちつかせることを最優先にしている。

6月，こんな関わり方をしていませんか？ ………思い当たったら p.48へ

1	指示が聞けなくなってきたのは学級や担任に慣れたことによるゆるみであると考え，ここで締めてかかろうとしている。
2	ルールや指示に従わない行動が広がることを防ぐために，不適切な行動はその場で注意し，絶対に許さないようにしている。
3	目の前に降ってくる仕事をまずは片づけて，余裕を見つけてから子どもに接している。
4	学級のルールは子どものためにあるものなので，忙しい教師は少々守らなくても許してもらおうとしている。
5	今は子ども一人ひとりの達成感よりも，後々の時間的ゆとりを考えて進度にそった授業を心がけている。
6	けじめをつけるためにも，授業中のおしゃべりは許すことなく厳しく注意している。
7	学級内の不満をなくすために，子どもから訴えがあったら，その都度，関係する子どもに注意をしている。
8	まずは子どもが落ちつくことを優先し，教室が少々乱雑になっていても目をつぶっている。

9月，こんな関わり方をしていませんか？ ………思い当たったら p.72へ

1	2学期からの積み上げがスムーズにいくように，夏休みのゆるみを早く解消させようとしている。
2	1学期にできていたことができないのは気のゆるみであると捉えて，細かく注意している。
3	行事を前に，全員が同じ目標に向かって進んでいけるよう，学級を1つにしていこうとしている。
4	行事で保護者や地域の方々に子どものすばらしい活躍を見せて，子どもたちのことを認めてもらうために，全員を叱咤激励している。

5	子どもの自主性による活動ができるように，事前の指示は減らしている。
6	行動の切り替えが遅い場合は，厳しく注意して，だらだらさせないようにしている。
7	授業の質を上げるためにも，私語をなくし黙って話を聞かせている。
8	2学期からは自治的な活動を目指し，子どもになんでも任せていこうとしている。

11月，こんな関わり方をしていませんか？ …………思い当たったら p.96へ

1	1年間で一番子どもが成長するこの時期に，たくさんの課題を与え，子どもを鍛えようとしている。
2	何か問題があるときは，教師自らが先頭に立って指示したり，評価したり，改善策を講じたりして解決をはかろうとしている。
3	自治的な学級にするために，子どもたちの規範意識を高め，決まりを逸脱する行為を防ごうとしている。
4	学級がひとつになるように，仲間意識をもっと強くもつように言い聞かせている。
5	自治的な学級にするために，よりよいリーダーを育て，そのリーダーに学級を統率させようとしている。
6	全員が活躍することによって目標が達成されるような仕組みやルールを考えている。
7	勉強が分からない子どもがいてもなんとか工夫して，みんなと同じ量の課題をこなさせようとしている。
8	発言力がある子どもにどんどん活躍させ，子どもの力で課題を克服することを目指している。

2月，こんな関わり方をしていませんか？……………思い当たったら p.120へ

1	残り1か月余りを有効に使って，できていないところを完璧にしようとしている。
2	行事の準備や参加の仕方の見栄えをよくして，周囲から見て，学級がまとまっていると評価されることを目指している。
3	行事の見栄えは大切だが，目標達成に向けた話し合いや練習の時間はあまりとらずに，授業時間を確保している。
4	学級のまとまりを乱すような自分勝手な判断や行動が見られる場合は，行動を改善させるために，当人をしっかり指導している。
5	来年に向けて，さらなる発展学習をさせている。
6	最後まで担任の力で学級の子どもたちを成長させようとしている。
7	有終の美を飾れるよう，最後まで努力や反省を忘れずに頑張らせようとしている。
8	自分が担任としてしてあげたことを中心に，1年間を振り返らせている。

年度途中の引継ぎ後，
こんな関わり方をしていませんか？……………思い当たったら p.134へ

1	荒れた原因を分析すると偏見をもってしまうので，あまり考えないようにしている。
2	子どもと人間関係を結ぶために，子どもから要求してくることはできるだけ叶えてあげている。
3	前の担任の影を引きずらず，新たな気持ちで学級づくりができるように，システムを一新しようとしている。
4	いろいろな子どもと人間関係を結ぶために，まずは，遊びに誘ってくれる子どもとしっかり関わりをもつようにしている。
5	何か最後までやり切ったら，しっかりほめて自信をもたせようと考えている。

Contents

序章　時期別の「荒れる要因」を押さえよう！

1章 4月からの学級立て直し
—荒れを引きずる学級の担任になったら—

4月からの荒れのメカニズム ·· 24

4月からの学級立て直しガイド

コラム　4月，荒れを引きずる学級の担任になったときの心構え

2章 6月からの学級立て直し
— 「魔の6月」に直面したら—

6月からの荒れのメカニズム ·· 48

6月からの学級立て直しガイド

コラム　「魔の6月」に直面したときの心構え

3章　9月からの学級立て直し
―夏休み明けに違和感をもったら―

コラム　夏休み明けに違和感をもったときの心構え

4章 11月からの学級立て直し
— 「11月危機」に直面したら—

11月からの学級立て直しガイド

コラム 「11月危機」に直面したときの心構え

5章 2月からの学級立て直し
—学級じまい直前でつまずいたら—

2月からの学級立て直しガイド

コラム　学級じまい直前でつまずいたときの心構え

6章 年度途中からの学級立て直し
―荒れた学級を引き継いだら―

年度途中からの学級立て直しガイド

おわりに
引用・参考文献一覧

序章

時期別の
「荒れる要因」を
押さえよう！

数々の荒れた学級を見ていると，「荒れる要因をもつ学級の特徴」と，それに対する「教師の関わり」と，「各時期における荒れの要因」が重なり合っているように思います。それが何かをつかんでおけば，事前に荒れに対する予防的な対策がとれるのではないでしょうか。

1　荒れる要因をもつ学級とは？

☑ 友達の話を聴かない学級

　「聴く」という行為は，相手を大切にする行為です。相手を認め，相手の考えていることを知ろうとするから聴くのです。この行為があるからこそ，話す側は安心して自分の話ができるのです。このように，自分の考えをいつでも聴いてくれる存在があることは，人間に安心感を与え，自分の存在への肯定感や仲間への帰属意識を生みます。よって，聴く行為は，ある集団で社会構築をする上で，根底を担うものなのです。

　しかし，聴いてもらえる安心感がないと，人間は自由に発言することができません。よって，言葉で信頼関係を築くことができません。

　このように見ると，友達の話を聴く風土のある学級は安定感がありますが，そうでない学級は不安定さをもつということになります。

☑ リレーションの弱い学級

　ここでいうリレーションとは，普段はあまり一緒にいることはなくても，学習や作業など，必要な場合にいつでも誰とでも協力できるといった関係を指します。このリレーションが全体に広がっていれば，お互いを傷つけ合うことはありません。あるグループからはみ出した子どもがいたとしても，そ

リレーション強　　　　　　リレーション弱

の子は他の子どもに受け入れられるので孤立することはありません。

　しかし，リレーションが弱いと，あるグループからはみ出てしまうと，新たな仲間を構築するのは困難になります。また，立場の強い子どもから立場の弱い子どもが睨まれたら，その子は，学級の中で孤立感をもってしまうことになるかもしれません。

　人間は孤立を感じると，問題行動を起こしやすくなります。また，いじめや不登校も生じやすくなります。

☑ ルールが守れない学級

　人が集団生活を行う上で必ず存在するのがルールです。ルールはお互いが気持ちよく暮らしていくためにあります。よって，自分勝手や自分本位な考えは認められないこともあります。

　ルールを守ろうとする子どもは，集団でいることに価値を感じています。みんなといたいと思うからルールを守るのです。ところが，集団でいる価値

が見いだせない子どもは，ルールを守らず勝手なふるまいをしてしまいます。気に入らなければ，いつでも集団から逸脱する可能性をもっています。前者の子どもが多ければよいのですが，後者の子どもが多くいる場合は，集団が崩れやすくなります。

☑ 自分を成長させることに抵抗感をもつ学級

　人はいくらでも学び，自分を成長させることができるという考え方が，挑戦する勇気を生みます。そして，挑戦して目標を達成することで，自らの成長を感じ，自尊感情を高めることができます。

　ところが，自分が成長するための労力を嫌い，挑戦や失敗を避けようとする考え方が強いと，様々な活動に消極的になり，物事を自分本位でしか見ないようになります。彼らは，その状況にいることの方が，精神的安定が得られると考えているのです。この傾向が強い学級に何か達成させようと働きかけると，反発を招くことがあります。

2　荒れを生み出す教師の関わりとは？

☑ 「指導力」と「人間関係育成力」のバランスが悪い

　学級集団がうまく機能するのは，**ルールの確立**と**リレーション**（子ども同士の人間関係）がうまくいっているときです。つまり，教師には，この2つの機能をうまく働かせる能力が求められます。

　この2つの能力を観点とした場合，教師にはいくつかのタイプがあることに気がつきました。

> ❶指導力があり，ルールを確実に守らせながら学習目標を達成させ，な
> おかつ，学級内の人間関係も上手につくる教師。
> ❷指導力が高く，ルールの徹底や学習目標の達成はできるが，人間関係
> づくりがうまくできない教師。
> ❸支援的な関わりが多く，のびのびとした雰囲気はつくれるが，指導力
> は低く，ルールの徹底や学習目標達成がおろそかになってしまう教師。
> ❹指導力，人間関係育成力がともに低く，ルールの確立や学習目標の達
> 成，人間関係づくりがうまくできない教師。

　よりよい学級集団をつくる教師は，❶の指導力と人間関係育成力とがバランスよく備わった教師であることが分かります。このバランスが悪いと，指導を強めるあまり，子どもが反発したり，指導が弱いためにルールが守られず，人間関係上のトラブルが続いたり，教師の抑制が効かず，勝手な行動がまかり通ってしまったりといったことになります。

☑ 問題行動を起こす子どもばかりに注目する

　ある子が問題行動を起こすたびに教師が注意をしている場面を見かけます。注意された子は，その場では行動を改善しますが，時間がたつとまた同じような行動を繰り返します。これは，問題行動を起こすたびに教師が自分に関わってくれるということを学んだために，問題行動がさらに強化されたのです。その子にとっては，教師の注目を引くという目的が達成されたわけです。

　ここで，教師の視点を周囲にいる子どもに向けて考えてみましょう。周囲の子どもは，教師の指示を守って学習している真面目な子どもです。一番認められなければならないのは，こういった子どもたちです。しかし，教師は問題行動を起こす子どもばかりに関わります。自分たちの目の前で教師が注意する姿を眺め，その間ずっと何もせずに待っていなければなりません。こ

の状態が度重なると，周囲の子どもたちの不満はどんどん溜まっていきます。

そのうち，周囲の子どもたちは，**その不満を，問題行動を起こす子どもにではなく，いつまでたってもその子を抑えることができない教師にぶつけるようになります。**

教師は，特定の子どもだけではなく，周囲の子どもたちにも目を配らなければならないのです。

☑ 子どもとのズレに気づかない

もし，学級の子どもが，教師や友達との人間関係を結ぼうとしているにもかかわらず，教師がルールの徹底や学習の達成目標ばかりを気にしていたらどうでしょう。

または，学級の大半の子どもたちが，授業中もにぎやかで落ちついて勉強できないと不満に思っているにもかかわらず，教師が集団づくりのためにゲームばかりをやっていたら，どうでしょう。

教師は，**子どもが何を求めているのかを把握する必要があります。** 子どもの求めるものと教師の求めるものがズレていては，子どもにとって教師は，自分たちを理解してくれない存在となってしまいます。

☑ 子どもとの成長過程に，一緒に存在しない

子どもは，自分の成長を見てとれるとき，生きる楽しさを感じます。ですから，「自分の可能性を信じて何事にも意欲をもってチャレンジし，努力と忍耐をもって頑張れば自分にだって目標を達成することができる」と感じさせてくれる教師のそばでは，生き生きとしています。では，どうすれば，そのように感じさせることができるのでしょうか。

まず言いたいのは，**ほめるだけではだめだ**ということです。特に，**荒れの前兆がある学級の子どもたちには，教師の発する無意味なほめ言葉に対して**

懐疑的であるようです。

　大切なことは，子どもが目標に向かって励んでいる最中に，教師が一緒にその場にいることです。そして，うまくいっているところを知らせたり，うまくいっていないところがあれば別の視点を与えたり，以前と比較して改善されている点に気づかせたり，見通しがもてないときには目標に立ち返らせたりするのです。そうすることで，子どもたちは，前を向いて努力を続けることを学びます。そして，自分自身を成長へと導くことができるのです。

　努力する過程が終了してからほめても，それは結果だけを見ていることになります。結果が出なかった子どもは自分の能力のなさを嘆き，自分を成長させる努力をしなくなります。逆に，結果が出た子は，次も結果を出さないと認められないと感じてしまい，息苦しさを覚えます。同時に，努力してもできなかったときの自分を想像してしまい，リスクを冒してまで成長を目指すよりも自分を変えない固定的な生き方を選ぶようになります。

　このように，教師の関わり方において，子どもが努力している場に一緒にいる意味はとても大きいのです。

3 荒れには時期別の要因がある

☑ 学級の人間関係と時期別の課題解決のズレ

　以下は，赤坂真二氏に学んだことです。学級集団の成熟度は，教師と子どもの関係（縦）と子ども同士の関係（横）でつくられる底面の上に，課題解決をした体験をどれくらい積むかで表すことができます。

　この底面積が広ければ広いほど，より大きな課題解決の体験を積むことができます。しかし，大きな課題解決の体験を積もうとしても，底面積が狭ければ，それを積むことはできません。無理やりに積むと，崩れてしまいます。また，底面積だけを広くしても，その上に課題解決の体験を積まなければ，学級集団の成熟度は高まりません。

　この課題解決の体験として，学校のカリキュラムには，その時期その時期で，学校行事や記録会や集会などが準備されています。ここでは，運動会を例にとってみましょう。

　運動会前に，学校で例年行っている種目や行進や応援合戦など，子どもたちは実にたくさんのことを練習しなければなりません。しかも，そこには，運動会を見にこられる方を意識した見栄えのよさが求められます。その見栄えは，全体の動きがどれだけそろっているかで評価されます。当然，かなりの負担が子どもたちにかかります。学級集団がそれに見合うだけの成長をしていれば，適度な負荷になります。しかし，そうでなければ，動きをそろえさせることは過剰な負荷となり，子どもたちがつぶれてしまうことになります。集団の中に過ぎた同調圧力がかかり，教師が提示した課題をクリアできそうにない子どもが自信を失って集団の中に入れなかったり，失敗を繰り返す子どもに周囲の子がつらく当たったりするといったことが起きるのです。

　これは，学級のリレーションと課題の大きさにズレが生じている状態です。

そうならないために，教師は，子どもの実態に合わせて，その時期ごとに与える課題の大きさを調整しなければなりません。時期によって荒れが起こるのは，この調整ができていないときです。

☑ 理想とする成熟過程と実際の学級成熟度とのズレ

　1年間を通してみると，時期ごとに学級集団づくりの理想的な成熟過程があります。4月には4月の，6月には6月の，11月には11月の，2月には2月のといった具合に，それぞれの時期における理想とされている姿を教育書で見たり，周囲から聞いたりすることがあるでしょう。

　こういった一般的な成熟過程を，教師は自らの学級に当てはめて，子どもたちを見てしまいます。ところが，実際の学級集団の成熟度がそれに沿っていない場合もあります。理想的な成熟過程を押しつけるだけの教師は，子どもの実際の成熟度を把握しようとはしません。「もう○月にもなったんだから，これくらいできてもいいはずだ」と言って，できていない子どもたちに不満を抱くことがあります。理想を押しつけてばかりいると，自分たちを理解してもらえない子どもはフラストレーションを溜めてしまいます。

　逆に，子どもがかなり成熟していて，委任的な関わりを増やすべきところで，いつまでも教師の指示を多用した関わりを行ってしまう場合があります。「まだまだ子どもたちには任せられない。自分が指示を出してリードしていく方が，なんでもうまくいく」と思ってしまうのです。すると，子どもは教師を避けるようになります。

　このように，**その時期における理想的な成熟過程と実際の子どもたちの成熟度の差を常に把握しながら，学級集団づくりを進めていくことがキーになります。**

4 時期別の要因を押さえて，学級を立て直す！

　これまでも，「荒れの要因をもつ学級の特徴」と，それに対する「教師の関わり」について述べられた書籍は数多く拝見してきました。しかし，「各時期における荒れの要因」についてまとめられたものは，少ないのではないでしょうか？　それは，現場の教師でなければ分からないことがあるからではないでしょうか？

　子どもは，時期によって成長度合いが変わります。また，教師はその時期で子どもに求めることが変わります。さらに，その時期ごとに学校生活（行事を含める）が変化していきます。こういったことが相まって起こる現象を分析するのは，現場にいないとできないことです。

　ただし，現場の経験が長い教師ならば，上記のことは，当然認知されていることでもあります。経験則としては知っているけれど，改めて時系列で整理されたことはないというだけの話です。

　そこで，１章からは，**１年間で荒れが起こりやすい時期とよく言われる月をピックアップし，その時期ごとに荒れる要因を文章化しました。さらに，その月ごとに表れがちな荒れの現象をあげ，その対応についても書きました。**これらをセットにしてお読みいただくことで，その時期ごとの対策ができるという構成になっています。

　なお，ここにすべての現象をあげたわけでもありませんし，対策がすべての学級に当てはまるわけでもありません。自分の学級がおかしいと感じた時期にお読みいただき，「もしや，自分の学級にも当てはまるかも」と感じられたときに，お役立てください。また，子どもが荒れる要因についての理解を深め，日々の学級づくりへもお役立てください。

1章

4月からの
学級立て直し

―荒れを引きずる学級の担任になったら―

4月からの
荒れのメカニズム

☑ 自分たちは悪くないと思っている

　前年度に荒れた状態のままで終わっている学級を担任するとき，自分の力で一気に変えてやろうなんて思って子どもの前に立つと，失敗する場合があります。彼らは，大人が思うほど，自分たちが悪いとは思っていないのです。今の状態が悪いと思っていたとしても，**その原因は自分たちではなく，これまでの担任や学校の教師にあると思っています。**

　荒れた学級にいた教え子たちに，当時を振り返ってもらったことがありました。すると，彼らには，ことごとく自分たちの学級が荒れていたという認識がありませんでした。「えっ，そうだったかな？」「そんなことあったっけ？」「そんなに悪いことをしていた覚えなんてないなあ」という答えが返ってきたのです。ただし，歴代の担任が嫌だったことだけはよく覚えていました。「○○先生に○○されて，それから○○しなくなった」といった話が次々と出てきました。

　そんな彼らに，あれこれ教師が注文をしても，「うるさい奴だなあ」と思われるのが関の山です。「周りの大人のせいで自分たちはこうなっているのだから，子どもに要求しないで，大人が責任をとれよ」と，彼らは言いたいのかもしれません。

　そういえば，4月にある学級の担任になってすぐのころ，問題行動を頻繁に起こす子どもの机に落書きがありました。机いっぱいの落書きの中に，「大人が，おれらの責任をとれ！」と書いてあったのが思い出されます。

☑ 振り上げた拳を下ろせないでいる

　教師が手をつけられないほどの荒れは，端っから存在するものではありません。外的要因による子どものストレスが飽和状態になり，最後にあふれ出たときに生じるものです。子どもなりには我慢を続けていたのでしょう。しかし，いつまでたっても自分たちの気持ちが理解されず，救いの手を差し伸べてもらえなかったのでしょう。そして，辛抱しきれなくなったとき，彼らは，ついに教師や学校や大人に対する反抗という形で拳を振り上げてしまったのです。そうやって生きるほかに，すべをもたなかったのです。

　一度振り上げた拳は，そう簡単には下ろせません。なぜって，下ろしてしまえば，また，以前の苦しい状況に逆戻りです。それが，彼らにとっては怖いのです。振り上げた拳を下ろしても，彼らが心地よく生きていける環境が整っていなければ，彼らは拳を上げたままにしなければなりません。拳を上げたままでいることも，なかなかエネルギーがいるものです。ですから，いつかは拳を下ろしたいのです。しかし，前年度の荒れを引きずっている子どもたちには，その着地点が見つけられないのです。

☑ 変わらない方が楽だと思っている

　人間には恒常性維持機能というものがあります。これは，「環境が変化しても体の状態を一定に保とうとする働き」です。これは，体だけではなく，脳や心にも働きます。例えば，何かをやろうと決心したけれど，結局は続かなかったということがあります。これも，現状を維持しようとするプログラムが働き，変化を拒んだ結果であるといえます。現状を変えようとすれば，それだけのエネルギーが必要になります。また，変化しようと頑張ってもうまく結果が出ないということもあります。頑張れば頑張るほど，そのときの落胆は大きくなります。こうしたリスクを負うよりも，現状を保っている方が楽だと人間は考えるのです。

荒れた子どもも同じであると考えられます。教師は，子どものために，荒れた状態をなんとかしてやりたいと思うのでしょうが，子どもにとっては現状のままでいることの方がよいと思っているかもしれないのです。

恒常性維持機能は，何かを変化させようとするときの壁となります。この壁を乗り切れば，今度はその新しい状態を維持しようとします。**新たな状態を維持しようとするまで，強い意志をもって繰り返し挑戦し続けることができれば，必ず変化は起こります。**しかし，こういった強い意志が働くまでにはならないのが現実です。

ですから，子どもの荒れた心を変えようとすると，子どもの中に恒常性維持機能が働き，反発されるということになるのです。

☑ 常に心は疲れている

では，荒れを引きずっている子どもたちが，いつも心地よく暮らしているのかというと，そうではありません。

かつての教え子の中には，授業中，平気で教室を飛び出して，仲のよいメンバーでずっと話をしている女子グループがありました。彼女たちは，常に一緒に行動をしていました。その中で，一緒に遊んだり，ときにはけんかや内部分裂をしたり，時間がたつとまたくっついたりを繰り返していました。学級や学校のルールは全く無視で，好きなときに好きなことをやっているといった感じでした。

ただし，このグループの子どもたちが親友の関係で結ばれているかといえば，そうではありませんでした。自分たちの都合のよいときに行動をともにし，そうでなければ離れてしまう，徒党を組んだ状態でした。この状態を維持するのは，なかなか苦しいものがあります。なぜって，常にそのグループから嫌われないようにしなければならないからです。そうするには，常に言動を合わせる必要があります。本当はしたくないことも，いかにも心から楽しんでいるかのようにふるまわなければなりません。どんな会話にも NO

を言うことはできません。そうやって，常に周囲の顔色をうかがいながら生活をしなければならないのです。

　家に帰っても，この状態は続きます。メールや LINE があるからです。連絡が入ればすぐに返事をしなければなりません。少しでも遅れると，翌日学校に行ったとき，自分の居場所がなくなっているかもしれません。家にいても緊張状態は続くわけです。心の安らぐ暇はありません。学校に来る以上，この状態を避けることはできないのです。

　これは一例です。しかし，荒れた学級にいる子どもの心は，周囲が思うほど楽なものではないのです。彼らの心は常に疲れているのです。

☑ それでも，どこかで希望を抱いている

　だから，学年が変わった４月の最初の学級替えや担任の発表に，彼らは注目をします。**環境が変われば何かが変わるかもしれない。新たな担任が，自分たちを変えてくれるかもしれない。そういう淡い期待をもつ**からです。

　ただ，大きな期待にならないのは，そうやって毎年４月を迎えても，結局はダメだったという経験をこれまでにも積んでいるからです。期待すればするほど，それが叶わなかったときに苦しくなることを，彼らは知っているのです。

　男子の荒れが酷い学級をもって，初めての授業をしたときのことです。騒ぐ男子たちを制止できない私を見て，それまで授業に参加してくれていた女子たちが，静かに教科書やノートを閉じた光景を見たとき，自分が子どもの期待を裏切ってしまったと痛烈に感じた経験があります。彼らは，前年度の荒れを引きずりながらも，どこかでは，誰かが自分たちを変えてくれて，疲れた心を癒してくれるという小さな期待をもっているのです。

1 グループの固定が 広がっていませんか？

4月のこんな場面，ありませんか

「うちのグループと違うからどこかへ行け」とか，「うちらの仲間なら，あっちのグループと仲良くするな」といった言葉が聞かれたり，「あのグループから，いつも私は睨まれる」といった訴えがあったりしませんか？

☑ 無理に人間関係を崩してはいけない

子どもたちの人間関係に疑問をもっても，すぐにその関係を修復させようとしてはいけません。教師が手を加えることで余計に関係が悪化する場合があります。教師は，無理やり人間関係を崩すのではなく，まずはじっくり子どもたちの生活を見つめて，一人ひとりのつながりや関係を見取ります。その上で，子どもたちが自ら人間関係を再構築できるような環境づくりを仕組むのです。

☑ 頻繁に席替えをする

席決めについては，ある程度，教師が権限をもつようにします。そして，**短いサイクルで，席替えをどんどん行います。必要であれば2，3日で席替えをします。**可能であれば，ペアで机をくっつけて座らせるようにします。そして，授業中に，ペアトークをしたり，交替読みで音読をしたり，作業確認をし合ったりします。短時間で，数多く行うようにします。こうした協働活動が，誰とでも関わりをもてるという安心感を生み出すことになります。

☑ いろいろなテーマでグループづくりをする

　「誕生月が同じ者同士」「好きな食べ物が同じ者同士」「好きな色が同じ者同士」といったような課題を出し，いろいろなグループをつくって活動させます。共通点があると分かれば，心の距離が縮まります。

　そして，グループができたら，個人に番号をつけさせ，その番号ごとに教師が作業指示を出します。それから，1人が役割をこなすたびに，他の子どもは，その子に感謝の言葉を伝えます。最後にグループ内で，メンバーの一人ひとりによかったところを伝え，「ありがとう」を言って解散します。

　これを繰り返し，全員と一度は同じグループになった経験をさせます。すると，級友との距離が縮まったり，相手への偏見がなくなったりします。

☑ 簡単にできる学級づくりゲームを入れる

　楽しい体験は子どもに自己開示させ，本音と本音の感情交流を促します。そこから，仲間意識が芽生える可能性があります。このような場を設定するなら，ゲームが一番です。ちょっとしたゲームを朝の会や帰りの会，授業のすき間，休み時間などを使って行っていくのです。

　はじめは王様ジャンケンのような，教師対個人で楽しめるものにします。友達と関わり合いをもたずにできるものの方が，気が楽だからです。学級全体にゲームを楽しむムードができてきたら，ペア，グループ，全体というふうに，関わり合う人数を増やし，仲間と交流ができるように仕組んでいきます。

⚲ Point
- ●強制的に人間関係を崩そうとしてはいけない！
- ●人間関係が流動する場をつくり，互いの共通点を見つけさせたり，共通体験をさせたりすべし！

2 挨拶をしても無視をする
子どもがいませんか？

🐝 4月のこんな場面，ありませんか

　教師が挨拶をしても無視したり，「死ね」「キモイ」「ウザイ」といったきつい言葉を返したりする子どもがいませんか？　そんなとき，「きちんと挨拶しなさい！」と叱っていませんか？

☑ どうして挨拶をしないのか探ってみる

　4月に荒れた学級をもった場合，引き締める効果をねらって大きな声で挨拶することを子どもに求めると，子どもの反感をかってしまうことがあります。まずは，どうして挨拶をしないのかを探ってみます。その子に直接尋ねることができればいいですが，無理なようなら，前年度，同じ学級だった友達に様子を尋ねてみるのも手です。何か原因があるかもしれません。原因がつかめれば，そこを改善することから始めます。

☑ 明るい表情で，動じない姿を見せる

　挨拶を無視する原因がつかめなくても，教師からの挨拶は継続します。挨拶は，その子の存在を認めているというメッセージです。酷い言葉が返ってきても，「あの子は心に溜まった悪い空気を，言葉に出すことで吐き出したんだ。そして，今，新しい空気を吸うことができたんだ」と考え，自分が挨拶をしたことの価値を見いだします。そして，明るい顔で，動じない姿を見せてやりましょう。「悪態をつく自分でも，この先生は受け入れてくれる」

ということが分かれば，子どもは教師に安心感をもち，いつか小さな声で挨拶を返してくれるはずです。それが，３月の修了式までに訪れればいいのです。そう思って気長に待つことが必要です。

☑ 名前と一言コメントをつけ加える

廊下ですれ違うときなど，「おはよう」と声をかけたら，必ず，名前と一言コメントをつけ加えるようにします。「おはよう，○○くん。今朝はいつもより元気そうだね」「おはよう，○○さん。昨日の国語のとき，よく勇気を出して発表したね」といった具合です。

名前を呼ばれ，さらにコメントまでつくと，自分は教師に気にかけてもらっているといったうれしさが湧きます。それが，学級の他の子どもたちが気づいていないことだったらなおさらです。心を開いてくれるようになると，いつか挨拶をしてくれるようになります。

☑ 人間関係をつなぐ

「挨拶をしないから，挨拶をするよう指導しよう」という単純な考えで子どもが挨拶をしてくれるようになるなら，そもそも学級が荒れることはないでしょう。また，挨拶を強要して，子どもが仕方なく挨拶をしているのであれば，これは荒れを立て直したことにはなりません。挨拶は，互いの存在を認め合うという，社会を構成する上での根幹に関わるものです。その大切さを説明すると同時に，教師と子ども，子どもと子どもとの人間関係をつなぐ努力もします。ここができれば，挨拶は自然発生してきます。

◎ Point

●子どもの安心感が湧くようになるまで，教師からの挨拶を継続すべし！
●人間関係がよくなれば，自然と挨拶ができるようになると心得るべし！

3 係や当番活動を全くしない 子どもがたくさんいませんか？

4月のこんな場面，ありませんか

　4月の時点で，係や当番活動を一切しない子が学級の半数以上を占めている。教師は，しない子を注意したり，厳しい指導を加えたりして，なんとか仕事をさせようとする。それでも，子どもたちは動かず，教師が疲れ切ってしまう…なんてことはありませんか？

その場所にいるだけでも承認する

　教師や子ども同士の人間関係ができていなかったり，教師がリーダーシップをとれなかったりする状態では，子どもに集団形成の欲求がわかず，集団に貢献する意識は働きません。つまり，みんなでよりよく生活しようという気持ちがないのに，係や当番の仕事だけは行うということはないのです。

　ですから，この状況では，**係や当番の仕事をさせることよりも，人間関係づくりに力を注ぐべき**です。

　子どもが掃除時間に掃除場所に来ていたら，「お疲れ様」と声をかけます。やりたくないにもかかわらず，どこへも行かないで，その場に来てくれているのですから，「お疲れ様」です。そこから掃除をしなくても，まずはよしとしましょう。給食準備もそうです。給食当番らしい行為はしなくても，その場にいるということは，少しは意識をしてくれている証拠です。

　少しのことでも認めてやることで，子どもは教師に安心感をもちます。このことが将来，生きてきます。

☑ 見返りを求めず働く姿を見せる

　その場に子どもがいれば，必ず，教師の行動は見られています。**子どもにさせようとする前に教師が動きましょう。**掃除や給食の準備を教師が率先して行うのです。だからといって，見返りを求めてはいけません。「先生がやっているのに自分たちがしないのはなぜだ！」なんて言おうものなら，教師の浅はかさが子どもたちに露呈してしまいます。「誰もやらなくても，人のために正しいと思うことは実行する！」これは，１人の人間として自身がどう生きているかに関わることです。教師がそのことを誰かに伝えようとするなら，まず，自分が行動で示すべきです。その姿を子どもたちは見るはずです。誰に押しつけるわけでもなく，黙々と人のために働く姿は心を打つものです。子どもたちは口には出さなくても，教師の行動と自分の姿を比較して考えるはずです。その瞬間が，子どもの心の変化のきっかけになります。教師は，子どもを従わせるのではなく，常に子どもに考えさせる環境をつくればいいのです。

☑ 仲間を少しずつ増やす

　授業で教える学習内容の獲得は教授によるものです。しかし，**考えや行動は感化によって身につくものです。**心に感動が芽生えるからこそ気づかされるのです。教師の姿を見て感化された子どもは，自らを振り返り，自分の判断で係や当番の仕事を始めます。こういった子は，ブレずに教師についてきます。こういう子に対する仲間意識が教師にも芽生えます。とってもうれしくなります。是非，そんな感覚を味わってほしいです。

⌕ Point

●無理にさせるのではなく，してやろうとする子どもを増やすべし！

4 すぐにキレる子どもがいませんか？

🐝 4月のこんな場面，ありませんか

　気にくわないことを言われたり，ちょっかいを出されたりしたら，大声で怒鳴ったり，机を蹴飛ばしたり，殴りかかったりといった子どもがいて，それをやめさせようとすると余計に暴れ出すということがありませんか？

☑ 場所を変えて，クールダウンにじっくりつき合う

　子どもは一度キレ始めると，どんどんエスカレートします。凶器を持って相手に攻撃を加えるとか，暴れて周囲にあるものを壊すとかいった場合は，周囲の子どもの危険回避のため，無理矢理にでもその行為をやめさせないといけません。しかしその後は，**原因追及や謝罪請求よりも，まずは別の場所でクールダウンさせる**ようにします。その子が発する言葉を一切否定せず，「そうか，そうか」と，じっくり聞いてやります。学校全体にはかって，そのようなクールダウンできる場所を確保しましょう。

　ある子どもがクールダウンするまで，ずっとそばにいたことがあります。彼は，ひとしきり暴言を吐きながら自分の正当性を主張し終わると，少し興奮が和らぎ，そばにあった小さな石を並べ始めました。「そうやってると落ちつくの？」と尋ねると，「うん」と言いました。その後は私も一緒になって石並べをしました。「いつも興奮したら石を並べるんだ」と彼は言いました。「そうなんだ」と私は返事をしました。その後も長い間一緒に石並べをしました。

　こんなことがあってからは，少し一緒にいると落ちついて話ができるよう

になりました。「先生が自分の話を聞いてくれると思ったら，石を並べなくてもよくなった」と彼は言っていました。

☑ 何がいけなかったのかを自分で語らせる

　興奮状態が収まったら，なぜこうなってしまったのかを最初からゆっくりと時系列で尋ねていきます。そのとき，その子が語ったことを紙に書いていくと，本人が事実を整理しながら話すことができます。また，教師から「ここで怒る前に誰がきみにこの言葉を言ったの？」などと質問をすることができます。一通り話が聞けたら，時系列に書いた紙を見て，自分のいけなかったところはどこだったのかを振り返らせます。それから，なぜそう思ったのか，どうすればよかったのかなどを尋ねていきます。基本的には子どもに語らせます。教師が想像して言うと，後から事実と違う点が明らかになったとき，「先生がそう言っただけで，自分はそんなこと言ってない」ということになります。また，こうやって自己反省することが自立につながります。

☑ 遊びの中でルールの確認をする

　その子にルールの確認をするときも，説教のようにするとキレてどこかへ行ってしまいます。そんなときは，その子と一緒に遊んでいるときに確認するのもよい方法です。遊びは，お互いに自己開示し心を通わせた状態をつくりやすくなります。そして，タイミングを見計らって，「ついでになんだけど，今度から○○してもらえないかな」とお願いするように言うのです。意外にも素直に応じてくれることがあります。

☖ Point

●じっくりつき合い，自己反省を促すべし！
●自己開示した状態の中でルールについて考えさせるべし！

5 授業中に無気力な態度が 見られませんか？

🐝 4月のこんな場面，ありませんか

　授業中に教科書を開くことなく，机の上に伏して寝ている子。ノートをとることも，話し合いをすることもなく，一切の学習活動に参加しない子。隣同士で私語をして，その時間を過ごしている子。こんな子どもたちを注意してばかりいて，授業が進まなくなっていませんか？

☑ 授業はとにかく流す

　前年度の荒れた状態を引きずっている場合，授業態度の改善は難しいです。「授業なんて面白くない」「どうせやっても分からない」「できない自分を見るのは嫌だ」そんな負のマインドに陥っているからです。その状態で今までやってきたのですから，筋金入りです。態度の悪い子どもを注意して授業が停滞したら，今までと同じことの繰り返しです。溜まったままの水はよどみます。授業も同じです。とにかく流すことが大切です。流していれば，授業を真面目に受けようと思う子どもは救われます。また，無気力な子どもたちの中からも，そのうち，授業に興味をもつ子どもが出てくるかもしれません。それを信じて，授業を進めるのです。

☑ 子ども同士の活動を増やす

　荒れた状態では教師の指示が通りません。端から教師の話を聞こうとはしないのです。ですから，**授業中は教師の発話量を極力減らし，子どもたちで**

教え合ったり，練習したり，競い合ったりする活動をたくさん入れます。例えば，国語の音読を班ごとに１文ごとの交替読みで行うとか，ペアで相談して新出漢字で気をつけるポイントを漢字ドリルに書き込ませるとか，算数の問題プリントを班で相談しながら解かせるとか，なぜその解き方でよいのかをグループごとで考えて説明文を書かせるとか，歴史人物について調べたことをもとに紹介文を書かせるとかいった具合です。子どもたちが相談し，ワイワイ言いながら学習するので，態度の悪い子どもが目立たなくなります。

　これで完璧に全員の習得ができるわけではないかもしれません。しかし，教師主導では授業が成立しないのですから，退屈であったり，重苦しかったりする時間を過ごすよりはましです。

☑ 授業をパーツに分ける

　荒れた学級は，長時間，同じ課題に取り組むことができません。そこで，45分を５〜10分のパーツに分けて授業を組み立てる，パーツ授業を行います（古川光弘氏の実践）。

　例えば，国語なら，詩の暗唱５分，ミニ漢字テスト７分，新出漢字５分，音読練習８分，本時の学習（読みとり）15分，振り返り５分など。算数ならば，指計算ジャンケン５分，100マス計算７分，前時の復習問題（２問程度）５分，本時の学習25分，振り返り３分など。

　学習意欲に乏しい子どもたちには，短時間の活動と評価のセットが繰り返し行われるように構成されている方が，学習効果が高いです。

⚲ Point

- ●よい授業をしようと思わず，とにかく授業を流すようにすべし！
- ●子どもたちの活動を増やしたり，複数のパーツで構成したりするなど，授業の工夫をするべし！

6 やたら教師に注文を押しつける 子どもがいませんか？

✂ 4月のこんな場面，ありませんか

「先生，次の国語の時間はドッジボールにしようよ」という数人の子どもからの要求。人間関係がまだできていないと感じていた教師は，つい OK を出してしまったが，その後，子どもたちからの要求がどんどんエスカレート…。こんなことになっていませんか？

☑ 交渉の土俵に上げる

4月の子どもたちは，担任がどんな教師かを確かめようとします。今まで許されていたことがどこまで許されるのかを試しています。話を聞かず，「そんなことはできません」と突っぱねてしまうと，この教師は自分たちに寄り添ってはくれないと判断されます。かといって簡単に了承してしまうと，この教師は甘いからなんでもできると，たかをくくってしまいます。

こういった場合は，**子どもの話を聞きながらも，譲れないところは譲らないといった交渉をします**。「今日は無理です。それから，授業は授業で大切ですから，勝手に変更はできません。でも，みんなで相談して，どこかの時間でやろうということになれば，先生も協力します」といった具合です。

子どもと交渉できるということは，教師が主導権を握れているということです。ここで，話し合いのリーダーシップをとることが，その後，学級内での教師の立ち位置を決めていきます。教師は話に乗ってくれる優しさがある。でも，ちゃんと筋を通さないといけない。そういったリーダー的存在になることが必要です。

☑ 面白いイベントを企画させる

「先生，前の先生はお菓子を学校にもってきて，お楽しみ会をしたよ。先生もしてよ」と言ってきたとします。「お菓子よりもみんなで焼きそばをつくってパーティーをしない？」「えっ，いいの？」「うん。その代わり，その企画をきみたちがやってくれないかな？」

このように，子どもが提案してきて，面白いものがあれば，教師もその提案に乗り，企画を子どもたちにやってもらいます。教師がやってくれるお楽しみ会ではなく，自分たちが努力して成功させるお楽しみ会にするのです。もちろん，教師も協力します。こうして，子どもと一緒に楽しむ姿を見せることで，子どもたちは教師を自分たちに近い存在と感じることができます。

☑ 時間の貯金をする

授業は大切ですが，荒れた学級では授業にならないというのも事実です。そんなときは，子どもとの人間関係を紡ぐのが，教師の一番の課題になります。そこで，「授業が早く終われば，残りの時間を貯金していきましょう。そして，45分たまったら，みんなで頑張ったご褒美にパーティーをしましょう」と提案します。これで，授業に気持ちを向かわせようと思ってはいけません。**純粋に，楽しむ時間を生み出す努力をする**のです。

5分未満なら1個。5分以上10分未満なら2個のビー玉を瓶の中に溜めていきます。ビー玉が9個（5分×9個＝45分）溜まったら，どこかの時間を学級活動に替えて，パーティーをします。こうやって，みんなで努力することの価値づけをしていきます。

◎ Point

●子どもの話を聞いてやりながらも，交渉をする術を磨くべし！

7 家庭連絡を極端に嫌う 子どもがいませんか？

4月のこんな場面，ありませんか

　学校で目につく行動を逐一家庭へ連絡すると，次の日，「なんで家に電話するんだ！　親の力を借りてどうにかしようとするな！」と，子どもに逆ギレされ，余計に子どもが反抗的になるといったことはありませんか？

☑ これまでの学校の対応を確認する

　問題行動が続く子どもの家庭には，過去に何度も家庭連絡が行っているはずです。それでも改善が見られないのであれば，子どもにとって家庭連絡は，保護者から叱られる種でしかありません。また，保護者も，学校で困っていることを何度も伝えられるので，「えっ？　またか〜」「どうせうちの子が悪いんでしょ」と，半分，飽き飽きした気持ちをもたれているかもしれません。

　これまで，どんな内容の家庭連絡をしてきたのかを前担任に尋ねておき，同じことにならないような工夫をすることが必要です。

☑ 家庭連絡をする意図を事前に伝える

　その子をどうしたいから今回の事案を保護者に連絡するのか，前もって当該の子どもに伝えておきます。「これは学校として，ちゃんと伝える義務があるから，きみは嫌だと思うだろうけど，家庭連絡させてね」「きみがイラついたのには，こんな原因があるということを伝えた上で，おうちの方に，今のきみの心を知ってもらうために連絡をします」といった具合です。こう

することで子どもは，自分が教師に気にかけてもらっていると感じます。

☑ 特に問題がなくても家庭連絡をする

　学級経営は，保護者を味方につけることが鉄則です。何か問題があってから家庭連絡をするのではなく，なんでもなくても家庭訪問をしたり，その子どものよさやその子が楽しそうにしていたことなどを電話連絡したりします。そうして，保護者と話ができる関係になっておきます。こうすると，問題が起こったとき，保護者と話しやすくなります。また，保護者から子どもに，「今度の担任の先生はいい先生ね」と言ってもらえます。保護者と教師のよい関係が分かれば，子どもも安心感がもてます。

☑ 問題は成長のチャンスであることを伝える

　どのレベルからなら家庭連絡をするか，事前に校内で基準を設けておきます。また，その基準は，最初の保護者会で伝えておきます。こうやって，悪いことをなんでもかんでも連絡しないようにします。

　どうしても連絡するときは，保護者に，問題が起こったらそのときが子どもの成長のチャンスであることを話します。子どもは問題を起こすものです。いけなかったところを素直に反省させ，子ども自身に解決方法を考えさせることが大切です。そうやって子どもは成長します。このことをしっかり伝え，子どもの成長をともに考えていきたいという思いを語ります。その意図が相手に伝われば，保護者の方から協力を申し出てくださいます。

⚲ Point
- ●家庭連絡の意図を事前に子どもへ知らせるべし！
- ●問題は子どもを成長させるチャンスであることを保護者に語るべし！

8 保健室にたむろする 子どもがいませんか？

🐝 4月のこんな場面，ありませんか

　何人もの女子が保健室に集まっておしゃべりをしている。そのうちチャイムが鳴るが，一向に教室に戻る気配はない。養護の先生は教室に戻そうとするし，担任も保健室に迎えに行くが，なかなか教室に戻ろうとしない。そんなことがありませんか？

☑ 子どもが保健室に求めるものを知る

　私の経験したある学級の女子は，「この学校で先生と呼べるのは保健室の先生だけだ」と言っていました。なぜなのか，私には全く分かりませんでした。そこで，彼女たちの保健室での様子を養護の先生に尋ねてみました。

　子どもたちが保健室に行って話す内容は，ほとんどが学級内の不平不満，もしくは，誰かの悪口でした。その対象は担任のときもあれば，級友のときもありました。ときには，一緒に遊んでいる仲間に対する不満もありました。

　うわべだけのつき合いで徒党を組んでいても，所詮，心から自己開示ができていなければ友達とは言えません。そんな関係では，いつ自分が仲間外れの対象になるか分かりません。自分が目をつけられないようにするためにはどうするか。一番よい方法は，自分以外にみんなの敵をつくることです。ちょっとした誰かの気に食わない行動を取り上げることで，その子を悪役に仕立てるのです。そうすればみんなの意識がそちらに向くので，自分は安心です。だから愚痴や悪口が頻繁に出てくるのです。

　そんな話を養護の先生は，じっくり聞いてやっていました。もちろん，い

けないことには指導もしてくださっていましたが，基本的に傾聴の姿勢は崩されませんでした。彼女らは，不安な気持ちをしっかり聞いてくれる安心感を養護の先生に求めていたのです。

☑ 養護の先生に子どもの本音を聞いてもらう

　彼女たちの不安な気持ちを理解した私は，無理に保健室から出すことをやめました。保健室から出たところで教室には戻らず，どこへ行くか分かりませんでしたので，所在がはっきりする方が安心という理由もありました。

　しかし，それよりも，私には次のようなねらいがありました。私は養護の先生に，「**先生の前では本音を話せる彼女たちです。状況と時間が許す限り，彼女たちの話を聞いてやってください。そして，決して否定しないでください。そして，聞かれた内容を後で私に教えてください。もちろん，私の悪口も**」とお願いしました。こうすれば，彼女たちの気持ちが少しでも分かる。私はそう考えたのです。彼女たちの情報がつかめれば，私の修正点や彼女たちにしてやれることが見つかります。

　実際，このことがすごく役立ちました。あるとき，養護の先生から「高本先生の社会の授業は面白い。社会の授業だけは受けようって思うと，彼女たちが言っていました」と聞いた私は，社会科の授業に燃えました。本当に，そのときだけは不思議と全員が教室に集まってきました。

　また，あるときは，「高本先生は好きではないけど，腹黒くないところがいいって言っていました」と聞かされました。少しは私のことを理解しようとしてくれていることが分かり，うれしくなりました。そこから，休み時間の彼女たちとの会話が増えました。

◔ Point

●養護の先生に子どもの本音を聞いてもらい，情報を集めるべし！

9 孤独さを感じている 子どもがいませんか？

4月のこんな場面，ありませんか

　いじめられているわけでも，避けられているわけでもない。でも，いつも誰かに気にかけてもらっているわけではなく，その子の声が全体に届く感じはない。どこかさみしげで，ひとりでいる時間が多い。そんな子がいませんか？

3つのうち，最も見えにくい問題行動を意識する

　子どもの問題行動には3つあります。1つめは，自分の思い通りにいかずだだをこねたり，自分のイライラを抑えられず物に当たったりといった，不適切な行動ではあるが全体の迷惑にはならない行動です。2つめは，けんかをしたり，授業中に騒いでみたりといった，全体，もしくは，特定の子に悪影響を及ぼす行動です。3つめは，集団に馴染めないとか，SNSによる誹謗中傷や仲間外れといった，問題が表出しづらい行動です。

　このうち，教師が最も見落としがちなのが，3つめの問題行動です。1つめと2つめは眼前に起こるので，どうしても教師はそれらの問題に注目してしまいます。そのため，3つめの問題行動に意識がいきません。ところが，この3つめを放っておくと，後々にいじめ，不登校といった大きな問題に発展します。

　ですから，教師が無関心ではいけないのです。問題が見えづらい分，常に注目しておかねばなりません。荒れた学級の中には，3つめの問題行動に悩む子どもが必ずいると言っても過言ではありません。

☑ 話を聞く時間を設定する

　その子が抱えている問題は，長い時間積み上げられたものですから，すぐには解決できません。また，教師に自己開示できない子は，自らのことを語りません。ですから，おかしいなと思ったら，まずは周囲の子に尋ねてみます。そして必要と感じたら，個人的に懇談をしたり，家庭訪問をしたりして，とにかくその子の孤独な気持ちを聞く時間を設定します。

☑ 握手する

　話を聞く時間を設定したら，まずは苦しい思いに共感し，受容してやります。私の経験では，「自分の話を聞いてもらえない」「お金を要求される」「学級代表になったことをいじられる」「親から過度に期待される」など様々な問題がありました。しっかり聞いた後に，自分はどうなりたいか希望を聞きます。そして，そのために成すべきことを一緒に考えます。ここで考えたことを実行したからといってすぐに問題が解決するわけではないことも話します。それでも，教師がいつも寄り添うことや，ひとりぼっちにしないことを語り安心感をもたせます。その上で，**一緒に頑張る仲間という意味を込めて握手をします。この握手が，孤独を感じている子には，すごく効くのです。**

　荒れを引きずる学級を引き継いだ1か月後，どれだけ自分についてきてくれるかを子どもたちに尋ねたことがありました。完全に荒れた状態での引き継ぎでしたから，とても自信はありませんでした。しかし，半数の子が私に協力することを約束してくれました。そのメンバーの中に，握手した子たちは全員入っていました。

☀ Point
●孤独を感じている子どもがいないか探るべし！
●共感し受容することで，仲間意識をもたせるべし！

4月，荒れを引きずる学級の担任になったときの心構え

　荒れを引きずる学級をもっても，自分の力で変えてやろうと気負ってはいけません。かといって，自分には無理だと諦めてもいけません。

　次の心構えで4月に臨んでください。あなたが，3月末まで子どもの前に立っていられるコツです。

1　ゼロスタートを意識し，リセットを目指す

　今までの担任や周囲の学級と比べて現状を嘆いたり，なんとかしてやろうと統制力や外的圧力を強めたりせず，まずは，現状を受け入れます。ここをゼロとし，そこからスタートするようにします。そして，少しの変化や成長を喜びながら，さらに荒れてしまう時期があっても，3月までに4月を迎えた学級の状態（リセット）になればよしと考えて，子どもたちにつき合います。

2　お互いの自己開示を目指す

　子どもに自分自身の自己開示をはかります。そのためには，授業が少々うまくいかなくても，しっかり子どもと遊んだり，おしゃべりをしたりします。そのうち，子どもからの自己開示が進むようになると，子ども理解ができるようになります。

3　寛容さをもってじっと待つ

　指導した2，3日後に子どもが変わるなんてことは，まず，あり得ません。子ども自身が変わるには，荒れるまでに至った時間と同じだけの時間が必要です。子どもの成長が見られるその日まで，じっと待ってやるようにします。待つことも愛情です。

2章

6月からの
学級立て直し

―「魔の6月」に直面したら―

6月からの荒れのメカニズム

☑ 信頼関係づくりが十分でないことが荒れの始まりになる

　ここからは，5月までは荒れていなかったにもかかわらず，6月に入ってからその兆候が見えだした場合を想定してお話しします。

　5月まではそうでもなかったのに，6月になってから，挨拶の声が小さくなった，言葉遣いが荒くなった，ルールが守られなくなった，といった話をよく聞くようになります。なぜ，そうなってしまうのでしょうか？

　それは，**教師との信頼関係が十分つくれていないとか，逆に教師への信頼が崩れてしまったということ**が考えられます。5月までは，新たな担任への期待感や優しく接してくれる態度に信頼感を覚え，子どもたちは教師の期待に応えようとしてくれます。しかし，それを過ぎて，期待がもてないと分かったり，自分たちのことを理解してくれないと感じたりすると，子どもたちの信頼はなくなっていきます。この状態で，子どものできていないことについて，「〜しなさい」と指摘ばかりを繰り返していると，人間関係はどんどん悪くなっていきます。子どもは，信頼できる人の言うことは聞きますが，そうでない人の言うことは聞きません。教師の言うことを聞かなくなったと感じるようになることは，子どもとの信頼関係が十分に築けていないことの表れかもしれません。まずは，**できていないところには目をつむり，できているところや，適切な行動をしている子どもを認めてやりましょう。また，子どもとの触れ合いの時間を確保しましょう。**そうやって，まずは，信頼関係づくりに力を注ぐことが大切です。

☑ やればできるという楽しさが感じられない

　4月にあった教師への期待感が薄れていく原因として，教師への信頼感の不足の他に，授業のつまらなさがあります。せっかく教師のそばにいても，楽しくなければ，子どもは飽きてしまいます。楽しいという感覚は，自分が「できた」「分かった」という達成感から生まれます。4月や5月は，教師との触れ合いだけで満足させることができるかもしれませんが，それ以降になると，子どもは自分にとってこの教師は価値があるかないかを判断します。授業が面白く，できた感をたくさん味わわせてくれる教師には信頼度を高めます。「先生といれば，自分は成長できる」そんな期待感が増すからです。

　ですから，**6月からは授業の質が問われてきます。5月までに学級の実態をしっかりつかみ，どんどん授業に引き込んでいくことが求められます。**

　また，教師が結果だけを見て評価していると，子どもは苦しくなります。よい結果が出なければ教師にほめられないと考えるからです。例えよい結果を出しても，次もよい結果を出さなければいけないと自分を追い込んでしまいます。結果だけを求められる子どもはチャレンジをしなくなります。チャレンジして失敗することが怖いからです。しかし，結果にいたるまでの過程の頑張りに価値を感じている子どもは，例えよい結果が得られなくても次も頑張ろうとします。「やればできる」の精神が身についていくからです。このように導いてくれる教師は子どもの心をぐっとつかむことができます。そのためには，子どもが何か努力しているときに教師が一緒にそばにいて，アドバイスや励ましを送ることが必要です。そして，目標が達成されたときには，結果ではなく，その頑張りをほめてやるようにします。

☑ ルールが守られず，学級に安心感がなくなる

　教師に対する信頼感がなくなり，自分の成長も感じられなくなると，子どもは学級のルールに価値を見いだせなくなります。ルールを守るのは安心感

のある集団をつくりたい，または，そんな安心感のある集団にいたいという願いがあるからです。しかし，**教師への信頼が崩れると，よりよい集団をつくろうとする意識も失せ，それを支えるルールなど，どうでもいいと考えてしまう**のです。集団に秩序がなくなると，自分勝手な行動をする子どもが出てきます。不愉快な感情をもつと不適切な行動を起こすようになります。それがまかり通るようになれば，そちらになびく子どもが出てきます。反対に，立場の弱い子はどんどん隅に追いやられてしまいます。こうした構図がどんどん広がり，学級は安定感のないものになります。

☑ 教師の多忙化により子どもからのサインを見落とすようになる

　子どもたちが不適切な行動をとるのも，教師に対する子どもなりのサインです。おかしいと感じたら，すぐさま子どもの気持ちを聞いてやった上で話をしてやれば，修復は可能です。しかし，6月になると，授業の進度は早くなり，学校行事や集会，出張なども重なり，仕事はどんどん多忙化します。そんな中では，じっくり子どものことを見る余裕がなくなります。よって，**子どものサインをサインと受けとらず，不適切な行動とだけ見なし，注意をしたり叱責をしたりして，早く収めようとしてしまう**のです。ここに落とし穴があります。いくら忙しくても，我々は子どもから目をそらしてはいけないのです。また，**忙しさのあまり教師がルールを守っていない**ということもあります。「自分たちにはルールを守れと言っているのに，先生が守らないってどういうこと？」という疑問が子どもたちの中に湧いてきます。そうすると教師への不信感が募ります。教師は子どもに見られています。教師を見る子どもたちの目も意識しなければなりません。

☑ 不適切な行動に対する注意や叱責が増える

　人間関係の構築ができず，授業も面白くなく，やればできるという感覚も

なければ，授業中におしゃべりをしたり，姿勢が崩れたり，時間が守れなかったりする子どもが出てきます。すると教師は，不適切な行動をとる子どもを注意したり叱ったりします。すると，彼らは教師にかまってもらったと感じ，何か悪いことをしたら教師が来てかまってくれるということを学びます。そうするとかまってほしい彼らの目的が達成されたことになります。彼らは，また，教師の注目を引くために不適切な行動をとります。不適切な行動が強化されるのです。こうなると，なかなか収まりがつきません。結局，教師がその子どもたちに振り回され，注意や叱責によって，学級の雰囲気をどんどん壊していくことになります。

☑ 注目されない子どもたちが不満を抱く

　不適切な行動とる子どもにばかり教師が関わっていると，教師の言いつけや学級のルールを真面目に守っている子どもたちに注目がいきません。彼らだって教師にかまってもらいたいのです。それが，いつも不適切な行動をとる子に教師をとられ，さらに，教師が怒っている間，授業は進まず，ずっと待っていなくてはならない。こんなことが度々続けば真面目にやっていることが馬鹿げたことのように思えてきます。そうすると，自分たちも不適切な行動をとって教師の注目を集めようとし始めます。または，教師に対する信頼が崩れ去っていき，真面目だった子どもまでもが，教師に対する不満を抱くようになります。

☑ 6月の荒れの始まり

　ここまでくると，学級の中で教師の指示は通らなくなり，ルールを守らず勝手なふるまいをする子どもたちが増えてきます。教師は常に怒っていますが，改善は見られません。6月の荒れはこうやって起こるのです。

1 休み時間のおしゃべりが 止まらない子どもがいませんか？

6月のこんな場面，ありませんか

5月まではそうでもなかったのに，6月からは，チャイムが鳴っても席につかないで，おしゃべりが止まらない。注意すればそのときは静かになるけれど，また次の時間のはじめも同じ。そんなことはありませんか？

「おしゃべり」の意味を考える

おしゃべりが続くのは，学級内の子ども同士の人間関係が十分につくれていないからかもしれません。子どもたちにとっておしゃべりは，仲間づくりをする上で大切な時間になります。子どもたちはおしゃべりの中で自己開示をし，お互いの共通点を見いだして仲間をつくるのです。この仲間づくりがうまくいっていなければ，何月になっても子どもたちの仲間づくりは続きます。ですから，授業時間になってもおしゃべりをやめられないのです。

リレーションづくりをする

おしゃべりをやめさせたいなら，まずは，学級内のリレーションづくりをするべきです。ここでいうリレーションとは，必要なときには誰とでもペアやグループを組んで学習活動ができる人間関係のことです。このリレーションづくりができていれば，ひとりぼっちにならずにすむので，子どもたちの心の安定が生まれます。以下のようにしてリレーションづくりを行っていきます（第1章でも関連する内容を示しています）。

①ゲーム的な活動を入れる

　ゲームは，子どもが自己開示できる場になります。相手に自分の心を開放し，それを認めてもらえるところから，仲間づくりが始まります。「古今東西」「計算ジャンケン」「指キャッチゲーム」など，短時間で簡単にできるものを，授業の導入や授業が早く終わったときなどに行います。

②ペア活動を入れる

　授業の中で，ペアを使った活動を入れます。交互に１～３文ずつ音読して，最後の文を読んだ方が負けといった音読や，交互に作業をしていって指定された図形をかいたり，前時の復習クイズを考えてお互いに出し合ったりなどといった活動を用いると楽しいです。

③頻繁に席替えをする

　いろいろな人とペアを組むために数日で席替えをします。「生まれ月が同じ」「星座が同じ」「好きな色が同じ」「好きな食べ物が同じ」など，いろいろな条件で行います。新たにペアになったときには，「よろしくお願いします」の意味を込めて握手をします。別れるときにも，「ありがとうございました」の意味を込めて握手するようにします。

④ナンバー制を導入する

　班を編成したら，それぞれの子どもに，１から順に番号をつけます。そして，班活動をするときには，指定された番号の班員が役割を果たすようにします。例えば，「１番が記録用紙をとりにきます。２番が司会をします。３番はみんなの意見を記録用紙にまとめます。４番は記録用紙にまとめたことを全員に発表します」といった感じです。そして，１人が役割をこなすたびに，「ありがとう」の声かけをさせます。グループに貢献できたことで互いの認め合いが生まれます。

◌̇ Point

●おしゃべりを抑制する以前に，リレーションづくりを十分行うべし！

2 学級のルールが 守られなくなっていませんか？

✂ 6月のこんな場面，ありませんか

　年度当初に決めた，生活や学習に関する学級のルール。5月までは守られていたのに，6月になるとだんだんいい加減になってきたり，注意しても聞かなくなったりしていませんか？

☑ ルールがある意味を考えさせる

　ルールはなぜあるのかを，再度，全員で確認します。価値観の違う人間が集団で暮らすには，相手に不快感を与えず，互いに気持ちよく生活していくことが大切です。そのためには，お互いが納得のいく価値観の共有が必要です。これを言語化したものがルールです。このルールが集団の中に存在し，誰もがそれらを守ることで，一人ひとりが安心してその集団にいられるわけです。つまり，ルールはみんなが安心感をもって生活するためにあるのです。

☑ ルールの見える化と成長度合いの見える化をはかる

　まずは，ルールを短冊に書いて教室に掲示するなどして，見える化をはかります。もし，4月のルールと6月の実態が合っていなければ，ルールの見直しをして，新しいルールをつくります。そして，1週間後，もしくは2週間後に，どれだけ守ることができたかを全員で評価します。よく守ることができるようになった短冊は，掲示から外すようにします。外すものが増えるたびに，自分たちの成長を見取ることができます。

ただし，「6月からの荒れのメカニズム」に書いたように，**学級に対する不満や不安をしっかり聞いてやり，その上で人間関係を結ぶ手立ても並行して行います**（p.52「1　休み時間のおしゃべりが止まらない子どもがいませんか？」をご参照ください）。

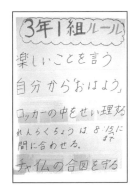

ルールが守れなかった場合はどうするのかも決めておきます。ただし，罰を与えることでルールを守らせようとしてはいけません。「宿題を忘れたらトイレ掃除をする」なんていうのはダメです。学習とトイレ掃除は関係がありません。「宿題を忘れたら休み時間にして出す」，これなら分かります。

子どもとルールを再確認したら，**教師もきちんと守る**ようにします。教師が守らなければ，「ルールは所詮お飾りで，守っても守らなくてもよい」ということを，子どもに教えていることになります。

また，**真面目にルールを守っている子をほめて，望ましい行動の波及をねらいます。同時に，小集団におけるルールの徹底と行動の承認を行います。**授業が終わって席を立つときに，「全員が机といすをぴったりつける」というルールが全員守れている班があったら，その班全員をほめます。そのとき，今までルールを守れていなかった子が守っていたら，班員から称賛を与えるようにします。プラスの評価は周りから与えられた方が，承認欲求が満たされます。逆に，マイナス評価は自ら気づかせます。「○○くん，何かおかしいよ」と尋ね，改善するよう促します。こうやって，小集団の中でルールがしっかり守られるようにしてから，全体に広げるようにしていきます。

そして，短冊がすべてなくなったら，みんなでパーティーをして，達成感や一体感を味わうようにします。

Point

●ルールを守ることの意味を共通理解させるべし！
●ルールを見える化し，成長度合いがはかれるようにすべし！

3 教室が乱雑になってきていませんか？

6月のこんな場面，ありませんか

　机といすはバラバラで，机の上には前時の学習用具が散乱している。黒板にはチョークの粉がいっぱい。ロッカーの上には私物が散乱。教卓の上には未実施のプリントや余った配付物が山積み。4月はそんなことなかったのに，気づいたら教室がこんな状態になっていませんか。

☑ 教師がきれい好きであること

　私は常に教室をきれいにしておきます。教卓の上にはなるべく物を置きません。教卓の中も整理整頓を欠かしません。放課後には必ず教室の床を掃き，黒板や棚を拭き，本棚を整頓します。ゴミ箱のゴミは捨て，廊下やトイレも掃除しておきます。とにかく，次の朝，子どもが気持ちよく教室に入ってこられるようにしておくのです。

　きれいな場所には人が集まります。そして，きれいな場所は心のリセットを促す効果があります。外と内はつながっています。**心が乱れてきたと思ったら，外的環境から心の乱れを絶つようにします。**そのためにも，まずは教師自身がきれい好きになることをお勧めします。

☑ 教室をきれいにする時間をこまめにとる

　授業のはじめや帰りの会で，教室に落ちているゴミを10個拾ってから席につくよう指示を出します。教師はゴミ箱のところにいて，本当に10個以上拾

ったかどうか確認します。そして，きちんと拾っている子をほめてやります。
またあるときは，「これから30秒間，教室をきれいにするために何か行動し
なさい」と指示を出します。このように指示をすれば，目的に対して自分は
何をすべきかを考えることになります。そして，30秒後に教室がきれいにな
ったら，それぞれが目的達成のために役割を果たしたことをほめてやります。
　こうやって，教室をみんなできれいにする時間をこまめにとるようにしま
す。日ごろ注意ばかりされている子は，はじめはこうした活動に参加しませ
ん。**この活動の目的は，真面目に取り組んだ子どもに注目することにありま
す。**真面目に取り組むことに学級の大半が価値を見いだすことができれば，
教室環境も変わってきます。

☑ 机の列を整える

　学級が荒れに向かうと，授業態度も悪くなるはずです。姿勢を崩したり，
隣や前後の子ども同士でおしゃべりをしたりするので，机の列が崩れること
も多いはずです。これをそのままにしてはいけません。乱れたら，机の列を
整えさせるようにします。そうやって心をリセットする機会をつくるのです。
その都度整えるのが難しければ，授業の始まりと終わりだけでもやってみま
しょう。
　机の脚の位置を床にマジックでかいておくと，すぐに元に戻せます。床に
かいたマジックは時間がたてば自然と消えます。心配な場合は，ビニルテー
プで印をつけることもできます。
　机の向きがそろっていれば，それだけで教室がきれいに見えます。

💡 Point

●教室環境を整えることで，心のリセットをはかるべし！

4 忘れ物が多くなってきていませんか？

✂ 6月のこんな場面，ありませんか

　ハサミを机に出すように言ってもハサミがなかったり，給食のエプロンをもってきていなかったり，習字道具を忘れていたり。それらを忘れても何もしないで席についたまま。そんなことはありませんか？

☑ 忘れ物をしない価値を感じさせる

　忘れ物をした子をどうこうするよりも，**忘れ物をしないでよかったと思わせることを大切にします。**

　例えば，授業が始まると，「教科書がある人？」と言って，子どもに教科書を掲げさせます。すかさず，「偉い！」「もってきてくれてありがとう」「先生の授業を大切にしてくれている気持ちが伝わるなあ」など，もってきてよかったと感じる言葉かけをします。これを，ノート，下敷き…，と続けます。こうやってほめられると，忘れ物をしなかった子どもへ注目がいき，忘れ物をしないことへの価値が高まります。と同時に，学級の一体感をつくり出すこともできます。

☑ 忘れ物をしなかった子どもをほめる

　1週間，簡単な忘れ物調べを行います。そして，1週間がたった帰りの会で，忘れ物ゼロの子どもを発表し，みんなで拍手をして称えます。

　こうやって，**忘れ物をした子を叱るのではなく，忘れ物をしないで頑張っ**

た子をほめるようにします。そうすれば，
忘れ物をしなかった子どもに注目がいき，
ルールを守ることの大切さが強化されます。
忘れ物をしなかった子は，今後も継続しよ
うとするでしょう。忘れ物をした子は，次
からは忘れ物をしないことで，集団への仲
間入りを果たそうとします。

今週の忘れ物ゼロは
○○さんです！

☑ 固執しないで全体の学びの時間を優先する

　忘れ物をしたことに固執して長い説教をし，周囲の子どもの学びの時間を
削ってはいけません。これでは，忘れ物をしないように努力した子どもへ注
目がいかず，不満ばかりが溜まっていきます。忘れ物をした子には簡単な注
意を与えるくらいにしておけばよいのです。そして，必要があれば教師のも
のを貸し出してやります。そうやって，全体の学びの時間を保障することを
優先します。忘れ物をした子への話は，後でゆっくりすればいいのです。

☑ 忘れ物をしない方法を考えさせる

　忘れ物をしたことをとがめていると，必要以上に個人を責めることになり，
最終的には子どもの反感をかってしまいかねません。忘れたのなら，忘れな
い方法を考えればいいのです。そして，考えたことを実行し，忘れ物がなく
なれば，しっかりほめてやります。このとき，その方法を考えて実行しよう
した気持ちをほめます。こうすれば，子どもは，教師が自分を認めてくれた
と感じることができ，教師への信頼感が湧きます。

🔍 Point
●忘れ物をしたことよりも，忘れ物をしなかったことへ注目すべし！

5 授業中に目線が合わない子どもが増えていませんか？

✿ ６月のこんな場面，ありませんか

授業の始まりの号令のときや授業中の教師の発話の際，４月には全員の目が教師の方を向いていたのに，だんだんと下を向いたり，横を向いたりする子どもが増えてきた。そんなことはありませんか？

☑ 「やればできる」を体験させる

授業中に子どもと目線が合わない理由に，「教師に期待がもてない」ということと，「自分に期待がもてない」ということがあります。４月の子どもたちは，「この先生なら自分を成長させてくれる」と信じたはずです。ところが，いつまでたっても，自分が成長した感じがしない。教師は不適切な行動をとる子どもに注意するばかりだし，忙しくて教材研究も十分にできていないのか授業も面白くない。こうなると，教師への期待はどんどん下がります。また，授業に面白みを感じられていない自分にも期待がもてなくなっていきます。

ここは，子どもたちに「やればできる」を体験させましょう。漢字でも，計算でも，体育でも，**何でもいいから，何か１つでもいいから，自分は○○ができたという達成感をもたせましょう。**

そのために，授業の教材研究をしっかり行い，子どもができるようになる方法を考えましょう。何か光明が見つかったら，自然と子どもに試してみたくなります。そのときの授業はきっと面白いです。

☑ 全員に○○させる

　向山洋一実践を使って跳び箱５段を全員跳ばせることができたとき，子どもたちは大喜びでした。中でも，初めて跳んだ子は涙を流して喜び，周囲からも温かい拍手が送られました。全員を25m泳がせることができたときも，同じような光景がありました。初めて泳げた子は，算数の授業でも自主的に挙手して発表するようになりました。詩の暗唱にもチャレンジし，全員が１つの作品を暗唱することに成功したときは，ハイタッチをして喜んでいる子どもたちがいました。

　こうやって，**何か全員に達成感をもたせることを試みます**。達成感をもてると自己肯定感が増します。さらに，学級の一体感を味わうことができます。

☑ 期待をかける

　学級が荒れてくると，教師は子どもたちに対する愚痴をこぼすことが多くなり，怒った表情をする，眉をひそめる，ため息をつくなどの仕草が顕著に表れます。これを見て，子どもは自分たちが期待されていないということを悟ります。人間は，誰かに期待されることで挑戦意欲をもちます。期待されないでいると，自らの能力を発揮させようとはしません（参考：アニー・ブロック他，2019）。

　まずは，教師が子どもたちに期待していることを示す仕草をとるようにします。にっこり微笑む，軽く肩を叩く，ハイタッチするなど，明るい表情をします。また，子どもへコメントする際には，「先生はあなたを信じています。あなたならきっとできるよ」と励ましの言葉をかけるようにします。

🔍 Point

●常に子どもたちへ期待をかけ「やればできる」の意欲をもたせるべし！

6 授業中の発言が 少なくなっていませんか？

🐝 6月のこんな場面，ありませんか

4月当初は，発問をするとあんなに手があがっていたのに，今では，数人の手がぽつぽつとあがるだけ。いつも，その数人の子どもの意見を聞いて教師がまとめるだけで授業を進めるようになってきていませんか？

☑ 子どもを注意する時間を減らす

授業中に教師が子どもを叱ったり，注意したりする時間が増えると，注意されている子ども以外は，教師の怒りが収まるまでじっと待っているだけで，授業は面白くありません。これが長く続くと，発言意欲はどんどん減退します。

注意をするなと言っているのではありません。注意もときには必要でしょう。ただし，手短に行います。そして，すぐに授業に戻るように努めます。周囲の子どもの学習権を保障することを教師は最優先するべきです。

☑ 全員が発言できる場面を用意しておく

フラッシュカードを使って一斉に声を出させたり，教師が前時の学習内容のポイントをクイズにしたりして，全員で既習事項の復習をさせます。こうすれば，少なくとも声に出す子どもを増やすことはできます。

また，前時で習ったことを使った3択クイズをつくらせ，ペアでクイズを出し合うのも面白いです。出題者と解答者が生まれ，結局は全員が発言をす

ることになります。こうやって，**短時間でいいので，全員が発言者となれる場面を毎時間つくります。**

☑ つぶやきを拾う

完結した意見ばかりを求めていると，発言力のない子どもは聞き手に回るばかりで面白くないでしょう。そんなときは，完結された意見ではなく，子どもが一瞬口にしたつぶやきを拾うようにします。「あれ？」と口にした子がいたら，「どうして『あれ？』と言ったの？」と尋ねます。「なるほど」という声が聞こえたら，「どうして，納得したの？」と尋ねます。挙手をしないで話したことも，「今，なんて言ったのかな？　発表してみて」と言って取り上げます。こうやって，**子どものつぶやきを拾うことで，発言者を増やしていきます。**

☑ 子ども同士の意見をつなぐ

誰かが意見を言うとき，全部言い終わる前に止めて，「○○さんの意見の続きが言える人？」と言って，他の子を指名し，続きを言わせます。また，「○○さんがどうしてそう考えたのか理由が想像できる人？」と尋ねてみるのもいいでしょう。ときには，自分の意見を言うのではなく，「○○さんは，〜と言っていました」など，友達の意見を言うようにします。すると，友だちの話を聞いておかねばならないし，自分の意見を取り上げられた子どもはうれしくなります。こうやって，子ども同士の意見をつないでいきます。

Point

●**発言の機会を増やしたり，子ども同士の意見をつないだりして，発言したくなる雰囲気をつくるべし！**

7 ほめられてもうれしそうにしない 子どもがいませんか？

🐝 6月のこんな場面，ありませんか

　子どもに「すごい！」「偉い！」「天才！」とほめても無反応だったり，しらけた表情を浮かべたりする。全体の前でほめても，他の子どもから肯定的な発言や拍手が起こらない。こんなことがありませんか？

☑ 能力をほめる言葉をやめる

　『マインドセット学級経営』（アニー・ブロック／ヘザー・ハンドレー著 佐伯葉子訳，東洋館出版社）によると，「頭がいいね」「絵の天才だね」「いい子だね」のほめ言葉は，成功したのは生まれつきもっている能力のおかげというように受けとられ，子どもたちは，その称賛にしがみつこうとして，難しいことに挑戦しなくなるそうです。挑戦して失敗したとき，自分の能力を否定されてしまうかもしれないと思うと，不安になるからでしょう。

　教師に見限られることを避けたい子どもは，このようなほめ言葉を嫌うようになります。いつもできる自分でいないといけないと勝手に思い込んで，苦しくなるのです。そんな子どもを教師は，消極的，または，怠慢だと判断します。そこで叱咤激励をしてしまうと，理解してもらえない子どもは教師に対する信頼をなくしていきます。

　ほめても反応がないと思ったら，まずは，能力をほめる言葉を控えてみましょう。

☑ プロセスをほめる

　そのかわりに，**努力のプロセスをほめるようにしましょう。**先の著書によると，これなら，目標を達成させるための努力，方法や行動に目が向くので，努力のプロセスに価値を見いだすことができるそうです。そして，個人の能力に対する評価ではなくなるので，「やればできる」の精神を植えつけることができます。また，誰しもが「自分もやってみよう」と思えるので，素直にほめられた子どもを認めることができます。

　さらに，プロセスに目を向けておくと，挑戦して失敗したとき，その原因が個人の能力ではなく，その方法や努力の仕方にあると判断されます。そして，どうすればいいかを考えることで，次への挑戦意欲をもつことができます。

　プロセスをほめるコツとしては，何にどのように取り組んだことがよかったのかを伝えることです。「すばらしい！」ではなく，「順序よく書いたことで，分かりやすい文章になったね」と具体的にほめるのです。

☑ 子どもと一緒にやる

　先の著書では，「ほめるよりももっとよいこと」を紹介しています。それは，目標を達成した後にほめるのではなく，子どもが頑張ってやっているときに一緒にいてあげることだそうです。一緒にいて，子どもの様子を観察し，質問したり，やり方を振り返らせたり，失敗しても励ましたりすることで，子どもは「やればできる」の精神をもつことができます。そのために，一緒に絵をかいたり，水泳をしたり，算数の問題を解いたりするのです。

◯ Point
●努力のプロセスをほめ，「やればできる」の精神を植えつけるべし！
●子どもが努力しているときに一緒にいて，建設的な言葉かけをすべし！

8 「教室に入りたくない」という子どもがいませんか？

6月のこんな場面，ありませんか

　学級の中でも少し控えめな子。学級の中で発言力の弱い子。特別な支援を要する子。学習の理解が遅い子。そういった子どもたちが，教室に入ることを拒み，教師がなんとか教室に入らせる。しかし，また次の時間には教室に入れない。そういったことを繰り返していませんか？

原因を探る

　その子がどうして教室に入れないのかが分かれば，手を打つことが可能です。「自分を受け入れてくれる仲間がいない」「学級の雰囲気に馴染めない」「挑戦意欲が湧かない」「担任に信頼感がない」「勉強が分からずとり残された感じがする」「家庭の問題でイライラする」など，この時期には，いろいろな心の問題が発生しやすいものです。

　まずは，教室に入らずに，どこに行くのかを観察します。よくある行き先としては保健室です。保健室は子どもにとって学校で唯一くつろげる場所です。学習や行事といった外圧から逃れられ，自分の話を養護の先生に聞いてもらえるからです。この場合は，養護の先生から情報を得るようにします（p.42　第1章　「8　保健室にたむろする子どもがいませんか？」参照）。

　次に多いのはトイレです。「トイレに行きたい」と子どもに言われると，教師としてはそれを拒むことができません。よって，ほとんど許可してしまいます。すると，授業中のトイレは貸し切り状態ですから，ひとりになれます。そして，大勢の目や分からない授業から逃れられます。こういった場合

は，学級を自習にするなどして，教師が直接話を聞いてみたり，生徒指導主事や担外の先生と連絡をとって，その先生に話を聞いてもらったりします。休み時間もトイレにこもる場合には，友達に様子を尋ねてみます。

　こうやって，場所が特定できたら，他の先生と連携して原因を探るようにします。

☑ 寄り添いながら問題を解決していく

　原因が分かっても分からなくても，**その子の抱える問題を理解し，ともに解決に向かう気持ちを伝えます。**その上で，解決すべき問題が明確であれば，いろいろ手立てを講じます。

　ある子は，勉強が分からず，1人とり残されたような気持ちでいました。担任が変わり，私の教え方と以前の先生の教え方が違ったため，なかなか学習の仕方に慣れることができなかったのが原因でした。すぐに，前担任の先生に相談して，その子に合った学習方法に切り替えました。すると，だんだん教室から出ることがなくなりました。

　ある子は，仲良し3人組だったメンバーから外されている気がしていたようでした。すぐにメンバーを集め，お互いの気持ちを交流し合ったところ，誤解が解け，元通りの元気な姿に変わりました。

　おとなしいタイプだったある子は，別の子から嫌がらせを受けていました。実は，嫌がらせをしていた子どもに対する私の度重なる注意が，弱い立場の子にとってストレスになっていたのです。そこで，嫌がらせをしている子への注意の仕方を考え，その子のよさを認めるように心がけたところ，だんだんと安定した生活を送ることができるようになりました。その結果，嫌がらせがなくなり，教室から出ていた子も，入ってくるようになりました。

🔍 Point
●問題に丁寧に当たり，その子に寄り添いながら原因を探るべし！

9 級友への不満を 告げにくる子どもがいませんか？

✂ 6月のこんな場面，ありませんか

　「先生，○○くんが悪口を言ってきます」と教師に告げ口する子がいる。教師がすぐに対応しても，次は，「先生，□□さんが掃除をしていません」など，次々と訴えが続く。そのうち，訴えていた子どもが教師に反抗的になる。そんなことはありませんか？

☑ 特定の子ではなく，周囲の子どもを意識する

　本書のp.51でお話した通り，不適切な行動を起こす子どもにばかり教師が注目していると，周囲の子どもの「教師にかまってもらえないストレス」が溜まります。教師が特定の子に注意したり，怒りをぶつけたりしている間，周りの子はじっと座って教師の話を聞いていることになります。頑張って勉強していても，中断を余儀なくされ，自分たちは悪くなくても，同じように叱られている気分になります。教師の言いつけを守っている自分たちにも注目してほしいという気持ちがふつふつと湧いてきます。そこで，**教師に告げ口することで，自分たちはちゃんとやっているということをアピールする**のです。このような子どもが増えてきたら，**不適切な行動を起こす子どもへの関わりを減らし，周囲の子どもへの関わりを増やす**ようにします。

☑ 真面目にしている子をほめる

　告げ口しにきた子どもの話はしっかり聞いてやります。そして，「きみは

ちゃんと掃除をしているのに，さぼる人がいたら嫌な気持ちになるね」と言って受け止めてやります。その上で，「それでも，きみは真面目に掃除をしてくれているんだね。ありがとう」とねぎらいの言葉かけをします。

また，教師に直接話しにきた子どもだけではなく，いろいろな場面でルールを守ったり，課題に向かって頑張ったりしている子どもを見つけて，積極的にほめていくようにします。

☑ 教師の考えを伝える

授業をさぼる男子にあまり注目をしないでいると，今度は，「先生はなんで男子を放っておくの？」と，女子に突っ込まれることがありました。私は，正直に，「先生も男子がちゃんと勉強してくれることを願っているよ。でも，今は，先生が注意してもなかなか態度が変わらないんだ。しかし，いつか必ず，男子も前向きに頑張ってくれるはずだと信じている。男子だって，先生のかわいい教え子だからね。だからその日が来るまで，じっくり待とうと思っている。きみたちは先生とともにいてくれるよね。先生と一緒に男子のことを待ってやってほしいんだ」と話しました。

不適切な行動から目を背けていても，子どもは教師に疑問をもちます。だから，**教師が問題をどう捉えていて，どうしたいのかを伝えておきます**。教師が自分たちも含め全員のことを考えてくれていることが分かると，教師に安心感を抱き，信頼感をもつようになります。

一緒に待ってくれるかな？

私たちのことも考えてくれてる！

⚲ Point

●問題行動を起こす子どもにばかり注目せず，真面目にしている子どもにスポットライトを当てるべし！

「魔の６月」に直面したときの心構え

　子どもたちの５月までのストレスが荒れとなって表面化してくるのが６月です。どんなに学級開きがうまくいっても，２か月の間には，子どもにとって受け入れがたいことがいくつかあるはずです。

　まず，６月に入ったら，学級がおかしいと感じる，感じないに関係なく，以下の４点について，子どもたちの様子を分析しておくことが大切です。

①子どもと教師との人間関係
②子ども同士の人間関係
③「やればできる」の精神
④ルールの内在化

　子どもにアンケートをとったり，子どもとの面談を行ったりするとよいでしょう。しかし，６月になると，教師の仕事も忙しくなり，そのような時間がなかなかとれないという場合もあります。そういったときは，日記を宿題に出しておいて，子どもの書いた文章から読みとります。日記の題を「先生に一言」「学級の友達関係のよさは何％？」「最近やればできると思ったこと」「先生がいなくても守っているルールは何？」といった具合に教師が指定してやるとよいでしょう。必ずしも日記に本音を書いてくるとは限りませんが，それでも大まかな様子を探ることはできます。

　そして，何か課題が見つかれば，慌てることなく，４月からの指導を再度，丁寧に行います。また，ルールなどは，子どもたちの実態に合うように修正したり，追加したりします。その場合は，必ず子どもたちの納得を得て行うようにします。

　学級開きをしてからまだ２か月です。学級の立て直しは十分可能です。子どもを見つめ直す気持ちで６月の荒れに立ち向かってください。

3章

9月からの学級立て直し

ー夏休み明けに違和感をもったらー

9月からの荒れのメカニズム

☑ 夏休み明けという時期

　１学期まではうまくいった学級づくり。しかし，９月を迎えるとなんとなく違和感を抱くということはありませんか？　忘れ物が増えたり，教室内の整理整頓ができなかったり，開始時刻が守られなかったり，けじめがつけにくかったり，相手を傷つけるような言葉が発せられたり。１学期にはできていたことが，２学期からはできないという状況が起きていませんか？

　この原因は，夏休みです。夏休み中は，学校のリズムで生活を送ることがどうしても困難です。集団生活をするわけでもありませんから，ルールを意識することなく，自分のペースで生活できます。また，自分の使える時間も豊富です。その時間で夏休みの課題もしますが，テレビを観たり，ゲームをしたりもするでしょう。遠くに家族で旅行に行く子も多いです。学校にはない楽しみをしっかり味わうことができるのです。また，楽しいことばかりではありません。友達と接する中で，金銭やゲームの貸し借りなど，何かしらのトラブルが起こるかもしれません。現代においては，SNS の問題も起こりやすいです。そうした負の体験を夏休み明けになっても引きずっている場合があります。

　このように，学校に通っていた１学期までとは大きく違った環境で過ごしていたのですから，子どもに変化があったり，夏休みの切り替えができていなかったりするのは当然です。**夏休み明けとは，子どもが教師の知らない変化を伴って学校に来ている時期なのです。**

　また，教師は１学期に子どもをここまで育ててきたと思っているかもしれませんが，実際にはさほど成長していなかったということも考えられます。

指示的，教示的な関わりが多いと，**子どもが教師の言うことに合わせていただけ**ということはよくあります。教師からの外発的動機づけが働かなければ結果，何もできないといった感じです。そのような子どもたちが夏休みを過ごしたら，1学期と比べて退化してしまったように映るのかもしれません。こう考えると，**夏休み明けは，子どもの本当の成長度合いが見える時期**とも言えるかもしれません。

　どちらにしても，夏休み明けは，教師のイメージ通りにはいきません。そのことを覚悟して子どもを迎え入れるようにするべきなのです。

☑ リスタートなしのビルド＆ビルドが子どもを苦しめる

　このような時期であるにもかかわらず，教師は，「なぜ○○しないの？1学期にできていたことがなぜできないの？」「気持ちがゆるんでいる証拠だ。気合いを入れろ！」と叱咤激励をします。このような言葉は，1学期のような緊張感をもっていない子どもたちの心を傷つけます。ビルド＆ビルドをいきなり求めてはいけません。**まずは，リスタートするべきです。もう一度，今現在の状態からの学級づくりをスタートさせるのです。**

　そのためには，まずは，学級の状態を分析する必要があります。以下の観点をもって，具体的にチェックしていきましょう。

　①**学級のルールが守られているか？**

　②**授業中の子ども同士のコミュニケーションは可能か？**

　③**人を傷つけるような言葉が飛び交っていないか？**

　④**教室に入れない（「入りたくない」を含む）子どももはいないか？**

　⑤**誰とでもペアやグループになれるか？**

　チェックをして，弱いところがあれば，もう一度，4月と同様の指導を行います。または，実態に合わせて修正したり追加したりもします。丁寧に，ゆっくりと。こういった土台がしっかりしていないと，盛りだくさんの授業内容や，2学期に次々とやってくる行事やイベントといった負荷に耐えられ

なくなり，子どもを苦しめることになります。

☑ 行事における同調圧力が子どもを苦しめる

　2学期に入ると，すぐに運動会や学習発表会の練習が行われる学校も多いのではないでしょうか。どちらにしても求められるのは，一斉に同じ動きをすることです。ただし，その評価は，教師の目に映る「見た目」，つまりは保護者や来賓といった観客にどう映るかです。**子どもの個性の尊重と言いながらも，このときばかりは，画一的な集団行動が尊重されます。**そこで使われるフレーズは「心を１つにして」です。みんなが同じ目標に向かって，同じことを，同じ量だけ努力することが求められます。教師は子どもたちに「１つのことをみんなでやり遂げる達成感を味わわせたい」と願うのですが，それなら，別に全員が同じ行動をとらなくてもいいわけです。それぞれが違う役割をこなし，それがうまく関係づけられて１つの目標が達成されれば願いは叶うのです。しかし，教師が求めるのは，同じ動きなのです。そこに，大人が見た美学的なものがあるからなのかもしれません。

　これについていける子どもはいいでしょうが，そうではない子どももいるはずです。そんなとき，教師はみんなに合わせるように注意をします。そして，１人のミスも許さない教師は，全体に繰り返し同じことを練習させるのです。

　自分自身が描いた目標でもなく，自分がしたいわけでもないことをさせられ，できないと注意される。そのときの子どもはどんな気持ちなのでしょう？　また，周囲の子どもたちはどんな目でその子を見るのでしょう？「なんでちゃんとできないの？」「あいつのために，またやり直しかよ」「あいつさえいなければいいのに」といった感情をもたないでしょうか？　こういった周囲の目にさらされた子どもはどんな気持ちになるのでしょうか？

　こういった**同調圧力**が子どもを苦しめます。

☑ 急な方針転換が子どもを苦しめる

「1学期は，しっかり自分がリーダーシップを発揮してきた。2学期から
は，自治的な能力をつけなければいけない」なんて，考えていませんか？
確かに，教師の外圧的な統制ばかりでは，子どもの自治的能力は育ちません。
いろいろなことを教えてきたのですから，これからは委任的な関わりを目指
し，子どもにどんどん任せたいと思うでしょう。このこと自体に間違いはあ
りません。しかし，このように**方向転換をする移行期間が問題になります**。

今まで，教師が管理的なリーダーシップをとっていたのなら，急に子ども
任せにしてはいけません。子どもは，「急に先生が冷たくなった」「先生は私
たちを見放した」「なんでも僕たちのせいにして，先生はずるい」なんてい
う感情をもつかもしれないからです。方針転換はいいのですが，そこは，ゆ
っくりと丁寧に時間をかけて行うべきです。

中には，教師がいろいろと方向づけをしてくれるおかげで見通しがもてて
いた子どももいるでしょう。そういった子どもは，急に方針転換されると，
何をどうしていいか分からなくなり，混乱してしまう場合があります。やる
ことが分からなくてもじもじしていると教師に叱られる，なんてことがあっ
たら，子どもにとってはつらくなります。

それから，1学期までの教師の管理的なリーダーシップに我慢して耐えて
いた子どもにとっては，この方針転換が甘やかしにつながることがあります。
「1学期には許されなかったことが許される。もう自分勝手にしてもいいん
だ」という誤解が生じるのです。

なんにしても，**1学期に十分に育った集団でない限り，急な方針転換は子
どもを混乱に陥れ，苦しみを与えることになります**。

以上，これまで述べてきた**教師と子どもとの意識のズレ**が，9月の荒れを
生み出していくことになるのです。

1 授業準備ができない子どもがいませんか？

9月のこんな場面，ありませんか

　1学期の間は授業前に机の上に出されていた学習用具が，9月に入ると準備されないままになっている。もしくは，いくつかは出ているが，足りないものがある。そこで，子どもの気持ちを引き締めるために厳しく叱ってみるといったことはありませんか？

ルールを忘れているだけかも

　1か月の夏休みは，子どもたちにとって，ルールの記憶を失わせるに十分な時間です。しっかり指導したつもりでも，何人かは忘れているものです。これを怠惰な行為として判断し，気持ちの引き締めをねらって叱ってしまうと，子どもとの関係にいらぬ摩擦を生んでしまうことになります。

　そこで，まずは1学期のルールの確認をしましょう。何と何をいつまでに準備することになっていたのかを実物を見せながら確認します。「○○を準備するんだったよね」といった柔らかい雰囲気で語るようにします。

　また，授業が始まったら，「教科書がある人？」「ドリルがある人？」「下敷きがある人？」などと一つひとつ尋ね，教師に見えるように掲げさせます。こうやって，ちゃんとできている子をほめます。同時に，出ていない子には，すぐに準備をさせます。

　そして，授業が終わる少し前に，次の授業準備をさせます。「次の授業の準備をします。できた人は立ちましょう」と指示すれば，誰ができて，誰ができていないかがすぐ分かります。「全員立てた班から休憩します」と言え

ば，班のメンバーで確認し合うようになります。

　なお，忘れ物については，第2章の4（p.58）を参照してください。

　少し時間はかかりますが，1学期を思い出しさえすれば，このような手立ては省いていきます。

☑ 保護者への連絡をする

　授業準備ができないのは，持ち物がなくなっているからかもしれません。それを言えないでいるという可能性もあります。夏休みという長い時間に，物をなくしてしまうこともあります。学級だよりや連絡帳を使って，持ち物がそろうように保護者への協力をお願いしてみましょう。

☑ 何か気になることがあるのかも

　それでも準備ができない場合は，単に忘れているのではなく，何か不安や不満を抱えているというメッセージである可能性が高いです。「どうしてだろう？」という子どもを理解しようとする目をもち，その子に寄り添って尋ねてみます。

　それでも分からなければ，保護者に連絡したり，周囲の子どもたちに尋ねたりして，情報を集めましょう。学習のこと，教師との関係のこと，仲間関係のこと，家族のこと，習い事のことなど，子どもの意欲を減退させる原因はいたるところにあります。その子の抱えている問題がなんなのかを探ってやり，その解決方法を一緒に考えてやるようにします。

🔍 Point

●叱る前に，ルールを思い出させるべし！

●学習に意欲がもてない理由を探ろうとすべし！

2 行動の切り替えが 遅くなってきていませんか？

🐝 9月のこんな場面，ありませんか

　時間になっても行動の切り替えができず，いつまでもだらだらとおしゃべりが続いたり，遊びが止まらなかったりする。指示を出したり，注意をしたりしてもすぐさま行動を切り替えようとしなかったり，斜に構えた態度で舌打ちをしたりする子どもがいませんか？

☑ 教師が率先して行動する

　給食準備なのに教師だけは別の仕事をしていたり，掃除時間が始まっても職員室でおしゃべりをしていたりすると，子どもは教師の行動から「きまりは形だけで，実際は守らなくてもよい」ということを学びます。その結果，子どもたちの切り替えがルーズになります。

　まずは，教師が一番に行動を切り替えるように心がけましょう。朝礼があるときは，教師が一番に並びましょう。給食準備が始まったら，教師が一番にマスクをつけてエプロンを着ましょう。こうやって教師が行動のモデルとなるのです。

☑ できている子をほめる

　教師が，できていない子ばかりに注目をしていると，できている子どもたちは放っておかれた気がして面白くありません。

　また，行動の切り替えを忠実に行っているにもかかわらず，教師からなん

の評価もされていないことで不満をもつ子どももいます。

　教師は常に子どもたちに目をかけて，その都度，評価してやらねばなりません。教師に認められ，満足感や達成感を得られた子どもは，他の人のためになることを率先して行います。こういう子どもが増えてくると，その子たちが周りの子どもたちへ呼びかけをしてくれます。結果，全体の切り替えがスムーズにいくようになります。

☑ 行動確認をしてから動かす

　例えば給食準備のとき，次のように指示します。「机ふき係の人立ちましょう。布巾で配膳台をふきます。では，スタート」「次に，給食当番，立ちましょう。マスクとエプロンをして，手を洗ってから給食を運びに行きます。では，スタート」

　このように時間差をつけると，行動の切り替わっていく様子が分かるので，切り替えの遅い子も周りの子に合わせて行動することができます。

☑ スピードを意識して学習させる

　授業の冒頭で，漢字の早書きやスピード音読，100マス計算など，速さが求められる学習を短時間でよいので入れていきます。また，授業中の作業も時間を区切って行わせるようにします。1つの作業に2〜3分がいいでしょう。そのような課題をテンポよくいくつか入れていきます。

　このようにすると，だんだんと時間を意識するようになります。

🔍 Point

●切り替えがうまくいっているモデルを示すべし！

●時間を意識させる学習や場を設定すべし！

3 給食当番や掃除当番の仕事がおろそかになっていませんか？

❀ 9月のこんな場面，ありませんか

　給食当番が集まらない。配膳した後の台ふきができていない。掃除の後も床にゴミがまだ残っている。掃除道具の片づけをしていない。それを見た教師が，当番を呼んで注意する。そんなことが1学期より増えていませんか？

☑ 当番の仕方を確認する

　学級の様子を伺い知るには，給食準備と掃除がキーポイントになります。再度，仕事内容や順序や役割分担の仕方などを確認することから始めます。できれば，視覚に訴えるように，仕事の仕方を掲示しておきます。

　また，誰が行うのかも確認してから，活動をさせます。

　4時間目が終わったら，給食当番を立たせます。全員，起立していることを確認し，分担の相談をさせます。相談をしたら，直ちに仕事にとりかかるようにさせます。

　また，給食が終わる前に，どこの掃除を誰が行うのかを確認します。ルーレット型の掃除当番表を作成している学級がたくさんありますが，それでも自分がどこの掃除かが分からない子どもがいます。掃除の分担もこのときに話し合って決めておけば，掃除にすぐとりかかることができます。

☑ 1学期からの変化を加える

　1学期と同じだと，マンネリ化してついおろそかになることもあります。

給食を食べるときは班にして，それぞれがランチョンマットを敷いて食べるなどの工夫をすると，なんとなくレストランのような雰囲気が出て，気分を一新できます（参考：辻川 a，2019）。

　掃除もその場所ごとに，汚れている個所について話し合い，新たにそこの掃除もとり入れます。教師は，自分たちで改善したところに自主性を感じたということを子どもに伝えてやって，意欲をもたせるようにします。

☑ ビフォーアフターを記録する

　掃除をする前と，掃除中と，掃除をした後の写真を撮って，帰りの会などで画面に映し出して見比べます（参考：松井，2019）。だんだんきれいになっていく様子をみんなで確認し，称賛し合うようにします。こうやって，自分たちできれいな環境をつくっていることを認めてやることで，少しずつ自治的な行動に目を向けさせていきます。

☑ 評価の仕方を工夫する

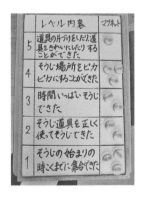

　1から5段階の掃除レベルをつくって，自分が到達したと思うところに印をつけたり，掃除名人認定証を発行したりと，反省の仕方を工夫します（参考：辻川 b，2019）。こうやって，真面目に行っている子どもが，教師からも学級のみんなからも認められる雰囲気をつくります。

⚲ Point

●仕事の仕方を思い出させるとともに，新たな変化も加えるべし！

4 宿題がいい加減になっていませんか？

9月のこんな場面，ありませんか

　朝，宿題のノートを点検すると，提出していない子が１学期より増えている。内容を見ると，字が雑だったり，途中で終わっていたり，ミスが多かったりする。個別に指導するが人数が多くて困る。そんなことはありませんか？

☑ 量の調整を行う

　夏休みの怠惰な生活から抜け出せない子，運動会練習などでくたびれて家庭学習にまで意欲が続かない子など，いろいろな精神状態の子どもが混在する時期です。**まずは，宿題の量を子どもたちの実態に合わせて調整し，全員が無理なく提出できることを目指します。**これって，４月のはじめにしたことと似ているはずです。さらに，他の子どもと同じだと量が多すぎる子どもには，個別に「計算ドリルの奇数番号の問題だけしておいで」など，もう１段階の調整を加えます。こうやって，**宿題の提出率が１学期と同じようになってきてから，量や質を戻していきます。**

☑ できている子をほめる

　それでも，きちんと宿題をこなす子どももいるはずです。こういった頑張りを見せる子どもを認めてやらなければ学級は向上していきません。未提出者を指導するばかりでなく，全部の宿題を提出した子や，質的に高いレベル

の宿題をしてきた子や，ノートがきれいな子を紹介し，みんなで称賛します。**こうすることで他の子を追随させることをもくろんではいけません。素直に，その子を認めてやる場にします。**こういった光景を見て，自然と自分も頑張ろうとする子を増やすようにします。

☑ その日のうちに返す

　子どもたちも頑張って，宿題を毎日提出しているのです。ですから，教師もなんとかして，その日のうちに宿題をチェックしてノートを返すようにします（というか，返せるような宿題の量にします）。教師の頑張りが見られれば，子どもも自主的にそれに応えようとします。こうして，お互いが頑張ることで，1学期のリズムをとり戻すことができます。

☑ 細かに評価する

　間違いや計算ミスなどは，細かくチェックします。雑さを定着させないためです。逆に，細かく見るからこそ，その子の頑張りの変容を見つけることができます。「最近，字が丁寧になってる」「最近，下敷きを敷いて書いてる」「ミスがなくなってきた」など，心が前向きになってきた証を見つけたら，すぐにほめてあげましょう。

　もし，これまでノートの評価をA，B，Cで行っていたとしたら，「AA」や「AAA」など，評価の段階を増やします。イラストで評価していたなら，今までよりも上のレベルを表す新たなキャラクターを登場させます。

　こうやって，宿題に対する意欲をもう一度，育てていきます。

🔍 Point

●自分からやろうとする自主性を促す方法を工夫すべし！

5 授業中の私語が 多くなっていませんか？

✂ 9月のこんな場面，ありませんか

　授業開始の合図を守ってはいるが，いざ授業を始めると，途中からだんだんと私語が増えてくる。また，発言のルールが守られず，思いついたときに口に出してしまう子が増える。そんなことはありませんか？

☑ 発言の仕方のルールの確認をする

　こういったところにも夏休みの影響が出てきます。1学期と比べて態度が悪いと叱責する前に，まずは発言の仕方を確認しましょう。「考えが浮かんだら，黙って手をあげているね」「指名されたら，起立して話すところが格好いいよ」「反対意見がありますと言ってから手をあげてくれるから，見通しをもって指名できるので助かるよ」など，ルールを守って発言している子どもをほめます。ほめることで，ルールを確認し，全体を誘導します。

☑ 空白の時間をつくらない

　向山洋一氏が言われる授業づくりの鉄則です。**「何をするのか」「いつまでにするのか」「できた子が何をするのか」**を明確にした指示を出します。そして，全員が同じペースで作業できるように工夫します。例えば，早く終わった子にはノートに意見を書かせるなどして，遅い子との時間調整をします。「できた子は起立する」「起立して音読し，終わったら座って黙読し，それができたら挙手をする」など，小刻みに動きを入れて，進度を確認します。こ

うやって何をしていいか分からない空白の時間をなくしていきます。

☑ 誘発する芽を摘む

　全体が思考しているときに，周囲の子どもに話しかける子どもがいたら，その子は学習内容が全然分かっていないのかもしれません。自分だけが分からない孤独感に耐えられず，友達を誘っているのかもしれません。また，全員で運動会練習をしているときに，自分ができないことへの不安から，隣の子に話しかけているのかもしれません。そういった場合は，「今の話が，勉強に関係ある？」と尋ね，まずは，私語を止めさせます。そして，後に個別で話をして，困り感を解消してやります。

　誘発する芽を教師が生んでいることもあります。前述した空白の時間をつくってしまうこともそうですが，子どもの笑いをとろうとする不用意な一言にも気をつけましょう。教師が笑い話で空気をほぐすのが悪いわけではありませんが，その後すぐに学習に切り替えるけじめが身についていなければ，そこから子どものおしゃべりが続いてしまうでしょう。また，子どもたちが単なる面白おかしさだけを楽しみにしてしまうようになるおそれもあります。

☑ 単発の話し合いを小刻みに入れる

　全体に学習意欲が停滞してきたと感じたり，私語が増えてきたと感じたりしたら，「〇〇について，隣の人と15秒話し合います。どうぞ！」と言って，話し合いの時間を入れます。ただし，雰囲気を変えることが目的なので，長い時間は必要ありません。15〜20秒もあればいいでしょう。できれば，1時間に数回は入れていきます。

⚗ Point
●私語をしなくてすむような授業の工夫をすべし！

6 やたらハイテンションな 子どもがいませんか？

✂ 9月のこんな場面，ありませんか

１学期よりも，休み時間に叫ぶ声が大きくなった。笑ったときの声も，リアクションも大きすぎる。全体の雰囲気を感じることなく，エンジン全開！少々迷惑なので声をかけるが，変化なし…そんな子が出てきていませんか？

☑ 個別に呼んで話す

これは，確実に変化が見える化された状態です。全体へというより，個別に話をする機会を早めに設けて，現在の心境を尋ねる必要があります。「放課後に，先生の手伝いを頼みたいんだけど」と依頼し，実際に作業をしてもらいながら，「最近，うれしいことがあったの？　やたら，ハイテンションだけど？」と尋ねます。夏休みの自由な雰囲気が抜けないままでいるなら，本来どういう行動をとるべきかを考え，現状を反省し，改善をはかるように促します。しかし，ひょっとすると，夏休みの間に，友達同士や家庭において，何か問題が生じ，それが今も継続しているのかもしれません。また，何か学級の中でうまくいかないとか，ついていけないとかいったところがあり，それに注目してほしくてハイテンションになっているのかもしれません。そういった心模様を探り，必要があれば，早急に対応します。

☑ 家庭連絡をする

必要があれば，家庭連絡をします。連絡帳ではなく，直接，保護者の方と

話す方がよいでしょう。夏休みの生活を引きずっているようなら，家庭生活の改善をお願いします。何か問題があったなら，その子がどう思っているかを話し，家庭でケアしていただくようにお願いします。校内での問題であれば，改善策を提示し，家庭でもそれについてお話していただけるよう，お願いします。

　こうやって，学校と家庭が一体となって子どもに当たるようにします。

☑ 静的なアイスブレイクや学習を行う

　静的なアイスブレイクとして，「バースデーチェーン」というのがあります。4月1日から3月31日までの誕生日順に無言で並ぶゲームです。ジェスチャーで伝えるのは OK です。「伝言お絵かき」は，教師の言葉を聞きながら絵をかくゲームです。かいた後，教師が正解の絵を見せます。誰が最も正確に描けたかを競います（参考：中村，2009）。また，視写や漢字の早書きや100マス計算などは，静かに集中して行う学習です。

　こういった静的なアイスブレイクや学習メニューを行って，学級全体を落ちついた雰囲気にします。

🔍 Point
●個人に関する問題は，個別に話を聞いて早めに問題をつかむべし！
●学級全体を落ちつかせる活動を入れるべし！

7 言葉遣いが雑になってきていませんか？

🦟 9月のこんな場面，ありませんか

　偉そうな命令口調で話す子どもが出てきたり，冷やかしやいじりの言葉が聞こえたり，教師に対しても友達と話すような言葉遣いだったり。こんな場面が増えてきていませんか？

☑ 毅然とした態度で注意する

　言葉は相手を気遣う心の表れです。相手の心を傷つけるような言葉が聞こえたら，毅然とした態度で臨み，言い直しをさせます。ときには，「今の○○くんの言葉をみなさんはどう思いますか？」と学級全体に問うてみます。○か×か，それはどうしてかを，子どもたちに言わせます。言葉の大切さを共通理解させておくことで，次からは子どもたち自らが注意を払うようになります。こうやって，言葉に敏感な学級にしていくのです。

☑ 夏休み中のトラブルを確認する

　特定の誰かに対する言葉遣いが荒いという場合は，夏休み中に，何かトラブルがあったのかもしれません。最初は別々に話を聞き，問題が分かれば両方を呼んで，解決に向かう話し合いをさせます。問題を特定できないときは，家庭連絡をし，保護者に夏休み中の状況を確認してみます。

☑ 子どもとの距離をとる

はさみを借りにくるとき,「先生,はさみ」と言ったり,「ここどうするん?」と尋ねたり,教師をニックネームで呼んだりといったこともあります。**あくまで教師は子どもたちの統率者ですので,少し気を遣わせるような距離を保つ必要があります。**

教師や目上の方には,「です」「ます」をつけた丁寧語で話すように指示します。丁寧語を使うと,相手が気持ちよいばかりか,相手に礼儀正しい子だと思ってもらえることも説明します。

「先生,はさみ」と言ってきたら,「先生は,はさみではありません」と言い返します。「先生,はさみを貸してください」と言えたら,笑顔ではさみを貸すようにします。こうして,**最後まで言わせる**ようにします。

☑ 増やしたい言葉となくしたい言葉を掲示する

子どもたち同士の会話の中で,乱暴な言葉が飛び交っていると,そのような言葉を聞いて心を傷つける子どもがいます。そのような言葉が飛び交う雰囲気に馴染めず,教室に入りにくい子どもも出てきます。

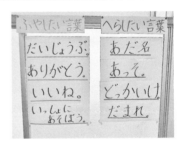

そこで,学級で「なくしたい言葉」について話し合います。出てきた言葉は,一つひとつ短冊に書いて掲示します。その言葉が教室からなくなったら,一つひとつはがすようにします。逆に,みんなの心を温かくする言葉は「増やしたい言葉」として掲示し,いい言葉を見つけたら,どんどん掲示を増やしていきます。

☒ Point

●子どもたち自らが言葉遣いに気をつけるように仕組むべし!

8 休み時間にひとりぼっちの 子どもがいませんか？

✂ 9月のこんな場面，ありませんか

1学期にはそうでもなかったのに，気がつけば，休み時間にあの子だけは教室にひとりぼっちでいる。外遊びには出るが，遊具にひとりで座っているだけ。そんな子どもがいませんか？

☑ 休み時間に誰と遊んだかをチェックする

9月がスタートしたら，1学期の人間関係力がどのくらい維持されているかを確認する必要があります。関係性が一番表れやすいのが休み時間です。ときどき，休み時間に誰と遊んだかを尋ねるようにします。私は，小さな用紙に，自分が遊んだ相手の名前を書いてもらっていました。遊んだ相手がいなかった子は白紙のままです。なお，出てきた名前から類推できるので，書いた本人の記名はなくてもよいことにしていました。そこで注目するのは「誰とも遊んでいない」「誰からも名前が出てこない」子どもたちです。このような子どもは孤立している可能性があると考え，サポートします。

☑ 個人面談を行う

また，時間があれば，全員と個人面談をするのもよいでしょう。2学期はじめの様子や，2学期に頑張りたいことなどを短時間で聞いていきます。そのときに，心配なことや友達関係のことも質問します。ここで，気になる子どもを見つけたら，即座に相談に乗るようにします。

☑️ 仲間とつなげる

9月のはじめは，学級集団の関係性を復活させるためにも，みんなで楽しめるアイスブレイクを多く入れていきます。

【夏休みの思い出他己紹介】

まずは，Ａさんと，Ｂさんとがペアになり，夏休みの思い出を話します。その後，それぞれペアを替えて，Ａさんは新たな相手にＢさんの思い出話をします。ＢさんはＡさんの話をします。こうやって，どんどん友達の思い出話を広げていきます。

【ドレミの歌】

あらかじめ，「ドレミの歌」の音楽に合わせて，ドの音のときに立つ列，レのときに立つ列，ミのときに立つ列など，立つタイミングを決めておきます。そして，実際に音楽が流れたら，タイミングをそろえて列ごとに立っていきます。みんなのタイミングがうまくそろえば，一体感を味わうことができます。

また，ひとりぼっちの子どもがいたら，その子の気持ちを聞いてやり，その子がやりたいことを，まず教師が一緒にやってあげます。例えば，「絵をかくのが好きなんだね。先生と一緒にかこうか」と誘います。そのうち，「絵をかくのなら，○○さんも誘ってみようか」と，教師から話をもちかけます。もちろん，○○さんには事前に相談して，一緒に絵をかいてくれるよう頼んでおきます。こうして，3人で絵を楽しみます。そこから，少しずつ仲間を増やすようにしていきます。

🔍 Point

●9月になったら，ひとりぼっちがいないか即チェックすべし！

●気になる子どもがいたら，みんなとつなげる場をつくるべし！

9 授業中のコミュニケーションが とれなくなっていませんか？

9月のこんな場面，ありませんか

　授業中にペアやグループをつくったとき，誰かが意見を言っても，そこから話が続かなかったり，誰かが意見を言っているのに話を聞こうとしなかったり。そんなことはありませんか？

☑ 間違いを称賛して生かす

　人間関係が希薄になっていたり，同調圧力が強くかかっていたりすると，自由な意見を言える雰囲気がなくなり，間違えることを恐れて何も言えない子が出てきます。

　私は，子どもが間違った答えを言ったら，「よく間違えてくれました」と言うようにしています。**「間違えてくれる人がいるおかげで，先生の仕事ができるのです。誰も間違わなかったら，先生はいらないものね」**こう話すと，子どもは笑顔になります。もちろん，間違った答えはとりあげて，どこがいけなかったのかを考えます。そうすることで，全員の思考力が高まります。また，同じ間違いをしていた子どものためにもなります。そして，間違いを解決でき，正しい解を導き出したら，「おめでとう。1つ財産が増えたね」と話します。こうやって，みんなで考える楽しさを広げていきます。

　ちなみに，「分かりません」「今，考え中です」なんて発言できたら，「ナイス。よく言えたね」とほめます。自分が分かっていないということをみんなの前で表現するって，とても勇気のいることだからです。「分からなくてもみんなの中にいていいのだ」という安心感をもたせます。

92

☑ 話し合いの道筋を示す

　班のメンバーに，あらかじめ番号をつけておきます。そして，話し合いをさせるときは，「１番が司会をして，全員に意見を言ってもらいなさい。みんなの意見を２番がまとめて，３番が後で発表してください」と役割分担をします。「それぞれの意見の共通点を見いだして，それをまとめにするといいですよ」と，まとめ方についても指導します。こうやって，話し合いの道筋をつけてからグループで話をさせます。全員が話し合いに参加するので，自主的な雰囲気をつくることができます。

☑ 友達の意見を発表させる

　ペアでも，グループでも，子ども同士で話し合わせた後に意見を交流するときは，**自分の意見ではなく，自分が聞いた友達の意見を言うようにさせます**。こうすると，話し合う段階で友達の意見をよく聞くようになります。また，いくつかの意見の中で，自分の意見が紹介されると，うれしい気持ちになります。紹介された意見を聞いた後は，「○○さんはどうしてそう考えたの？」と，意見を言った子どもに質問しやすくもなります。こうやって意見をつなげていくことで，コミュニケーションをとりやすくします。

○○さんはこんな意見でした！

⊕ Point
●全員が安心してコミュニケーションできる機会を授業に設けるべし！

夏休み明けに違和感をもったときの心構え

　９月からリスタートをするには，まずは，子どもたちのスタート地点を明らかにしていなければなりません。つまり，１学期末の段階で，学級集団の関係性や，学力・学習状況，学校生活態度などを，しっかり把握していなければなりません。教師自身が少し俯瞰したところから，自分の学級を客観的に見るのです。すると，子どもたちと同じ位置に立って見ているときよりも，子どものことがよく見えてくるものです。どうしてもそれができない場合は，周りの先生方に自分の学級がどう見えているのかを尋ねてみてもよいでしょう。こういう第三者の目を借りることも大切です。

　そして，９月からは，再度学級開きをするつもりで臨みます。１学期までにできていたことが現状維持できているかどうかは，試してみないと分かりません。ここは，ゆっくり，丁寧にリセットをかけていきましょう。大丈夫です。少々時間はかかっても必ず戻ってきます。気になることは多いでしょうが，忍耐強くつき合ってあげましょう。もう一度，学級づくりができると思えば，案外，楽しいものです。

　ところで，よく「11月の荒れ」や「11月危機」などと言われますが，11月に突然荒れることはありません。９月からのストレスが溜まりに溜まって，11月に爆発するのです。将来のためにも，９月は大切に過ごさなくてはなりません。
　ルールや当番活動など，全員がそろって行うべきことは確かにあります。しかし，個々の成長度合いは違います。同調圧力のかけすぎには注意しましょう。そして，全体に合わせられない子どもの居場所も考えてやりましょう。
　そして，自らやろうとする自主的な雰囲気が学級全体に広がっていくように，ちょっとだけ方向づけをしてあげましょう。無理のない「ちょっとだけ」が肝です。

4章

11月からの
学級立て直し

― 「11月危機」に直面したら―

11月からの 荒れのメカニズム

☑ 課題調整の失敗が子どもの不信感を生む

　10月までは学級全体で行事をこなし一体感をもって学級づくりができていたのに，11月に入ってからは，個々に注意することが増え，学級全体にも自分たちで動こうとする雰囲気がない。そこを指摘すると反抗的な表情を見せたり，文句を言ったりする子どもが出てきた。そんなことはありませんか？

　p.20でも述べたように，学級集団づくりでは，教師と子どもの関係と，子ども同士の関係が土台となります。教師と子どもとの関係を縦軸，子ども同士の関係を横軸にとると，そこに四角形の平面ができます。この平面が学級集団の土台となるリレーションの広がりを表します。その上に子どもたちが協働的に解決すべき課題を乗せます。学級はこの課題を解決すればするほど成熟度を増します。ここでいう課題は，授業の課題だけでなく，行事や集会や委員会などの特別活動，日々の学校生活における問題など，いろいろなものを含みます。

　教師はこの時期，学級集団の成熟度を上げるために大きな課題を乗せようとします。その課題を支えるだけの平面の広がりがあれば問題はありません。しかし，平面の面積が小さいと課題に耐えきれずに崩れてしまいます。よって，平面の面積の大きさを考えて，課題の大きさを調整しなければならないのです。

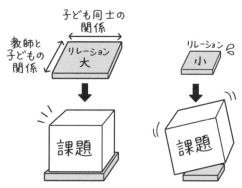

ところが，実際には，課題の大きさが調整されないままに与えられていることが多いと思います。それは，教師が自身の経験に基づいて，「○年生ならこれくらいはできるはず」「毎年の○年生がやっているレベルだから」といった，実態を無視した規準を当てはめているからです。

　課題が大きすぎて，それを解決できないでいると，教師は叱咤激励をして，なんとか課題をクリアさせようとします。しかし，その負荷に耐えられない子どもたちは自分たちの力のなさを嘆き，自信喪失してしまいます。当然，課題に対する挑戦意欲はなくなります。すると，その態度を教師に指摘されます。こうして，だんだんと子どもにストレスが溜まっていき，それが増大すると，教師に対する不信感となるのです。

☑ 教師ばかり目立つ関わりが子どもを追い詰める

　課題解決に導こうとするあまり，その方法を教師が示したり，刺激を与えるために不用意に競争原理を持ち込んだり，うまくいかない問題点を教師が指摘したりしていると，いつまでも目立つのは教師ばかりになってしまいます。たとえ課題が解決されても，それは教師のお手柄で，子どもたちに達成感は生まれません。また，いつも子どもの先頭に立って指導力を発揮していると，そこについてこられない一部の子どもや，みんなについていくことにストレスを感じている子どもを見落としがちになってしまいます。そういった子は，不適切な行動をして教師の注目を引くようになったり，教室に入らないことで現実逃避をはかったりするようになります。

　こうした**「教師が目立つ関わり」**ではなく，**「教師が目立たない関わり」**が，この時期には必要です。「教師が目立たない関わり」とは，以下のようなものです（参考：河村，2012）。

　①**課題解決の方法ではなく，役立つ情報のみを与える。**

　②**子どもに振り返りをさせ，子ども自らが改善点を見つけ出すようにする。**

　③**うまく集団に入れない子どもを陰でサポートする。**

④ときどき，意欲の喚起と継続のために刺激を与える。

⑤非難し合う話し合いではなく，建設的な話し合いができるように促す。

こういった関わり方に重きをおき，子どもたちの自力解決を支えます。

☑ 過剰な規範意識が排除を生む

　自治的集団形成の根底には，互いの違いを認め合ったり，互いを支え合ったりできる親和的な関係がなくてはなりません。そんな関係づくりをするために，教師は仲間意識を強調します。「みんなで一致団結して」「みんなで心をひとつにして」といった言葉かけをたびたび行い，この時期に多い運動会や学習発表会などの練習に加え，さらに休み時間の全員遊びなど学級全員がそろって何かをする機会を増やすかもしれません。確かに，これらにはメリットもあります。しかし，デメリットもあるのです。

　全員がいつも同じことをしていると，学級内の規範意識が増幅されます。規範意識が増幅されると，子どもたちは，さらに仲間意識を強めます。これが過剰に働くと，同じ行動がとれない仲間を排除する動きが生まれます。同じ集団の中で，違う行動をする子どもは，集団を乱す危険分子であると判断するからです。

　排除するターゲットができれば，みんなの注目はその子に向けられます。みんなに合わせられないところが自分にあっても，目立たなくてすみます。また，友達といえども気を使い，相手に合わせて反感を抱かせないようにすることが，よりよい関係を生むマナーだと考えられている現在社会において，相手に注意することはマナー違反であると捉えられます（参考：辻川，2017）。当然，マナー違反をすれば，今度は自分が排除の対象になってしまいます。よって，誰もこの排除行為に異を唱えることができません。こうして，学級内に仲間外れやいじめが起こります。

　この状態を何とかしようとして，教師が動きます。教師は，子ども自身に何がいけないのかを振り返らせることなく，自分の価値観を押しつけて打開

策を講じます。つまり，「仲良くしなさい」と言うのです。また，全員でそろって何かをさせるのです。もともと，この「仲良く」「全員で」を強調したために，このような事態になったわけです。当然，子どもたちは教師に不満をもち，反抗するようになります。教師に反抗するときだけは，なぜかみんなが一致団結したかのようになります。それは，教師に対する反抗心を共有することで，一瞬だけの一体感を味わえることと，排除のターゲットを教師にすることで，自分たちが排除の対象にされないようにすることができるからです。こうなると，完全な学級崩壊です。

☑ 課題解決経験の少なさ

　人間は何かをやり遂げたときの達成感を味わうと，主体的になります。さらに，人間は人に認められ受け入れられる喜びに満たされると，他者受容ができます。そして，人に必要とされる喜びを積み重ねると，他の人の役に立ちたいという欲求が生まれます。こういった感覚は，いろいろな課題解決を行う中で得られるものです。それを全員で行うことで，学びや感情の共有がなされ，それぞれが，「自分はこの集団にいていいのだ」「この集団のために何かしたい」と思うようになります。この気持ちが自治的能力を発揮していきます。

　この自治的能力の中には，仲間を尊重し，互いにフォローし合う精神も含まれています。誰かが困ったり，活動が停止したりすると，仲間同士で助け合うことができます。こういう関係にあれば，不適切な行動をする子どもの出現率は低くなりますし，もし，そのようなことがあっても，仲間同士で適切な行動を促すことができます。

　以上のような関係性をつくるには，**課題解決の豊富な経験**が求められます。逆に，この経験が少ないと，フォローし合う自治的能力は身につかず，不適切な行動を排除する力が働き，学級は荒れていきます。

1 リーダー格の子のイライラが 雰囲気を悪くしていませんか？

11月のこんな場面，ありませんか

今まで，リーダーとしてみんなを引っ張っていた子どもが，みんなへの不満をぶつけたり，命令口調で話をしたり，うまくいかないことで感情的になって怒ったりしてはいませんか？

リーダーの意味を伝える

リーダーの強い圧力が，学級の同調圧力を生み，それについていけない子どもが排除されることがあります。また，そんなリーダーに他の子どもが反発して，リーダー役の子が集団からはみ出すこともあります。

あるとき，常に周囲からリーダーシップをとることを求められ，その期待に応えようと頑張るもののうまくいかず，それが嫌で荒れていた子どもがいました。

そのとき，私は，「リーダーとは，誰かに何かをさせることではないよ。どうすることが正しいのかを自らが行動して，みんなに模範を示すのがリーダーです。それを見て，みんながついてくるかどうかは，みんなの責任であり，きみのせいではないよ。だから，きみは，正しいと思うことをみんなの前でやっているだけでいいんだよ」と，彼に話しました。その後，彼の行動は落ちついていきました。

リーダーとは，ある面で孤独なものです。リーダーとしての役割を無理のない程度に示してやることで，その苦しみから救ってやることが大切です。

☑ リーダーの負担の調整・ローテーションを行う

　ときに教師は，自分の役割をリーダーに依頼することがあります。しかし，自治に目覚めていない集団をリーダーに任せるのは酷なことです。

　そこで，**リーダーの負担を調整します**。リーダーとしてのたくさんの役割を他の子どもに分担したり，一つひとつの役割の仕事量を軽減したりします。

　また，グループの中で，短期間でリーダーをローテーションするとか，グループの全員に何かしらのリーダー役を与えるとかして，**学級全員がリーダーを経験する**ように仕組みます。

　全員にリーダーの経験をさせると，今まで経験したことのない自信をもつ子どもが増えます。また，リーダーの大変さを知ることで，お互いにサポートする気持ちが湧きます。そうすれば，リーダーが孤独にならずにすみます。

☑ 教師がリーダーをサポートする

　それでも，リーダーが悩むことがあるかもしれません。そういったときは，教師が陰でサポートします。苦しい思いを聞いてやったり，仕事量を軽減してやったり，みんなとうまく関係を結ぶ術をアドバイスしてやったりします。

　こうやって，全員が自主的に役割を果たそうとすれば，学級に自治的能力がついていきます。

◌ Point

●リーダーの役割を考えさせ，リーダーをサポートする体制をつくるべし！

2 教師への文句が 増えていませんか？

🐝 11月のこんな場面，ありませんか

「もっと○○すべきだ」と教師が注意をしたり，「次は○○しなさい」と指示したりすると，そのたびに，「チッ」という舌打ちの音がしたり，「やりたくない」「面倒くさい」などと文句が出たりすることが増えていませんか？

☑ 子どもの不満を聞く

こういった態度が増えるということは，教師に対して募らせた不信感があふれ出ているということです。まずは，教師の外圧的で管理的なリーダーシップをやめると同時に，**常に向上的変容が見られるように前進しなければならないという気持ちを捨てましょう**。何をするにしても休息は必要です。前進する勇気も必要ですが，立ち止まる勇気も必要です。

そして，**笑顔をつくりましょう**。常に笑っている必要はありません。承認するときや，ほめるときや，少し面白いことがあったときなどに，意識して，にっこりするだけでいいのです。

こうした穏やかな姿勢で，子どもの不満を聞いてみてください。何を言われても言い返さず，ひたすら聞くのです。そして，自分の改善点を見つけるのです。何も恐れることはありません。子どものためを思ってやってきたことは事実です。ただ，その方法が子どもに合わなかっただけです。子どもは何かをしてくれる人よりも，話を聞いてくれる人を求めます。話してくれるということは，教師に自己開示できた証拠です。

☑ 平等と公平について話す

　同じ注意をしても，その方法が違うと，「先生は不公平だ！」ということになります。この時期にまでなれば，短時間で注意すれば改善できる子，個別に時間をかけて対応する必要がある子，注意をしても反発するだけなので自己反省を促さなければならない子など，様々な子がいることは，教師にも子どもにもよく分かっているはずです。ここで必要なのは，**平等と公平の違いを教える**ことです。平等とは全員に同じ注意を同じ方法で与えることです。しかし，公平は違います。それぞれの子に対する指導の在り方は違えども，最終的には同じように行動を改善させることがゴールとなります。この違いを子どもに理解させておかないと，子どもは教師に公平ではなく平等を求めてしまうので，指導が違うと不公平だということになるのです。

☑ 信頼していることを伝える

　教師の手に負えない子もいます。そういった子についての考えも学級で話しておきます。「確かに今は言うことを聞いてくれないかもしれない。でも，○○さんだって，きっといつか分かってくれると信じています。その日が来るまで先生は，諦めずに語りかけます。みんなは先生についてきてくれています。みんなは先生がいなくても，正しい判断をして行動してくれることを信じています」

　こうやって，信頼しているということを全員に伝えることで，教師に対する見方が変わります。

🔍 Point

●子どもに安心感を与え，子どもの不満を聞くべし！

●子どもに対する信頼の心を伝え，自己改善を促すべし！

3 役割を拒否する子どもがいませんか？

11月のこんな場面，ありませんか

この時期になって，係や当番活動などの役割をきちんと果たす子どもが少なくなったり，完全な拒否をする子がいたりして，教師の注意や叱責が増えてきていませんか？

不適切な行動をする子ばかりに注目しない

2学期からの同調圧力に耐えられない子どもたちが，全体に入っていけない不満や不安を表すために，役割の拒否を行います。教師がそういった子どもにばかり注意をしたり，個別指導をしたりして注目をしていると，周囲の子どもたちは，教師の注目を自分たちにも向けるために，同じような行動をとるようになります。「やらないあの子ばかりに注目がいくなら，自分たちも役割を果たさなくてもいいや」といった具合です。

そうならないためにも，不適切な行動をする子どもには，「役割をきちんと果たそうね」と軽く声かけをする程度にして，役割を真面目に果たしている子どもへの称賛を常に忘れないようにします。

子ども自身に問題解決のサイクルを回すようにさせる

子どもたちの目的が常に「教師の注目を得ること」に集約されていると，先のような状況になります。そうならないためには，役割を果たすことの目的が，「よりよい学級づくりのため」にならなければなりません。

まずは，学級全体の目標を確認し，その目標を達成するためにそれぞれの役割があることを自覚させます。それから，個々のどんな役割をどこまで果たすのかを確認させます。そして，毎日振り返りをさせ，出来栄えを確認し合います。できているところはしっかりほめ，できていないところは，教師が「こうしなさい」と指導せず，自分たちで改善方法を考えさせます。

　こういった問題解決のサイクルを子ども自らが回すことで，学級の一体感や自治的雰囲気をつくっていきます。

☑ 意欲を持続させるよう刺激を与える

　役割を果たすことへの意欲低下が見られたら，問題解決に役立つ情報やアドバイスをするようにします。また，「目標に立ち返らせる」「自分の役割が周囲に貢献している実感をもたせる」「仕事の行い方に選択肢を与える」「下位目標レベルから達成感をもたせる」などの刺激を与えることも効果的です。こうした刺激をときどき与えることで，子どもたちの意欲を持続させていきます。

☑ できない子へのサポートをさせる

　役割の出来栄えに対する評価者を，教師から子ども同士に変えていきます。役割を果たし，互いにほめ合うことで，自己有用感が生まれます。自己有用感をもつ子どもは，他の人への働きかけができます。そういった子に，できない子へのサポートをお願いします。こうすれば，仲間が関わってくれるので，できない子もみんなの輪の中に入れた気持ちになり，心が安定します。

۞ Point

●子どもが問題解決のサイクルを回すことができるようにサポートすべし！

4 集団を避ける子どもがいませんか？

〜 11月のこんな場面，ありませんか

　この時期になって，教室を飛び出す子や，やたらと保健室へ行く子，グループ活動を避けたがる子が出てきた。そういった子どもの対応に四苦八苦していませんか？

☑ 陰で支える

　集団に入ろうとしない子どもを個別に呼び，受容的な態度で話を聞いてあげます。「別に」といった言葉が返ってきても，「何もないのに，教室から出ていくのはおかしいよね。何か，悩みがあるんじゃない？」と聞き返します。場合によっては，友達のこと，勉強のこと，家族のことなど，悩みを抱えていそうな例を教師があげて，その子の反応を見ます。原因が分かれば，解決策をアドバイスします。もし分からない場合は，いつも見ていることと，いつでも話しにきていいことを伝え，ひとりぼっちにはしないことを告げます。

☑ 排除的な雰囲気を壊す

　みんなが同じ時間に同じことができなければならないという教師の指示をなくします。
　また，必要な場合は，課題の量も個々に調整します。「最低３問まではやります。後は，早くできた人だけとりかかります」「３分間でできるところまで行います」といった具合です。それでも，差が生まれることがあるかも

しれませんが，努力したことを
ほめてやります。結果ではなく，
そこに至るまでの過程に価値を
与えるようにします。

さらに，個々に役割を与えま
す。学力が低い子は，授業中に
よい意味での注目を浴びること
は少ないです。そこで，**指名係
や黒板掲示係など，ちょっとし
た役割を与えるようにします。**学級全体への貢献度を高めることで，集団に
居場所ができます。

また，こういった子どもは，自分がみんなの中に入れない孤独を抱えてい
る場合が多いです。よって，**教師からのサポートばかりではなく，子ども同
士のサポートを求めるようにします。**「○○さんを探しに行ってきて」「○○
さんを保健室に迎えに行って」「○○さんに優しく注意しといて」などとお
願いし，子ども同士で支え合うようにさせます。

☑ 特別な企画を入れてみる

ときには，普段やらないようなことを企画します。「ラーメンパーティー」
「ハンターごっこ」「ドラゴンボール探し」「カラオケ大会」など，誰でも無
条件に参加できる楽しいものを企画します。そこでの子ども同士の関わりが
自己開示を促し，集団への抵抗をやわらげます。また，個々の意外な一面を
見ることで，周囲の子から受け入れられるきっかけにもなります。

🔍 Point

● それぞれの個性を認めたり，生かしたりできる場をつくるべし！

● 教師よりも，子ども同士のサポートができるようにするべし！

5 授業妨害をする子どもがいませんか？

11月のこんな場面，ありませんか

　授業中にボールペンの音を出したり，口笛を吹いたり，大声で授業に関係ないことを話したり，机の上に立って踊ったりといった，授業を妨害する行為が見られませんか？

☑ 職員室にヘルプをお願いする

　再三注意しても態度が改善されなければ，担任1人で対応するのは無理です。ここは，職員室に連絡し，他の先生に別室に連れていって対応してもらいます。優先されるのは他の子どもたちの学びの保障です。一旦は他の先生にお願いし，後でその子と話すようにします。

☑ 原因を探る

　怒りに任せた対応をしてしまうと，余計に反感をかってしまいます。教師自身が深呼吸するなどして，冷静に対応します。そして，何がそのような行動に向かわせたのかを丁寧に探ります。子どもの不適切な行動の理由には，何かしら満たされない不安や不満があるはずです。そこが解決すれば，妨害をする必要はなくなります。そのためには，子どもの言動の奥にある思いを理解してやることが大切です。

☑ 別室で対応する

　こういった状況になる原因で多いのが，学習課題の負荷がその子に合っていないことです。まずは，分からないところを聞いてやります。うまく説明できない場合は，「教科書のどこからが分からない？」と尋ねてやります。それから，課題の量を少なくしたり，限定したりします。その子に合わせた合格ラインを設定してやるのです。一斉指導の中では，こういった時間をなかなかとることができません。また，友達に教えてもらうことはその子のプライドが許しません。そこで，他の先生方と相談した上で，個別学習を取り入れます（「取り出し指導」と呼ばれるところもあります）。1対1だと自分に合わせてもらえるので，落ちついて勉強ができます。そして，その子が自信をもったら，いつでも集団に返すようにします。

　なお，子どもたち全員が授業についてこられているかどうかの見極めは，授業者として日々行うべきことです。忙しいとか，時間がないとかいって子どもの状態を見ずにいると，積もりに積もった子どもの思いが11月になってあふれ出す結果になります。やはり学年当初から気をつけるべきでしょう。

☑ 保護者へ連絡する

　妨害行動が続くときは，保護者に事実を説明し，学校の対応方法の理解を得た上で，家庭でも注意をしてもらいます。ただし，注意だけではなく，子どもの思いを聞いてやってほしいと伝えます。担任に話せないことも保護者になら話せることがあります。また，子どもが話さなかったとしても，自分を気にかけてくれる存在がそばにいると分かれば，安心感や勇気が湧きます。

◯ Point
●子どもの学習不安に気づき，個別対応することで，学習に安心感をもたせるべし！

6 許し合えなくなっていませんか？

🐝 11月のこんな場面，ありませんか

　誰かのちょっとしたミスを大げさにとりあげて騒いだり，しつこく責任追及をしたり。その結果，学級の人間関係が分断され，グループ同士が反目し合ったり，言い争いになったり。そんなことはありませんか。

☑ 過剰な同調圧力をかけない

　運動会や学習発表会といった行事をこなす中で，かなりの同調圧力がかかっていたはずです。この同調圧力にはデメリットがあるのですが，それが分かっていない教師は，さらに全員参加の活動を追加します。「みんなで気持ちをそろえて合奏する」「休み時間は全員遊びをする」「授業中に全員が発表する」「体育で全員がシュートを決める」などがそれに当たります。その結果，**知らず知らずのうちに，少しの乱れをも許さない雰囲気を学級の中につくってしまいます。**すると，それについてこられない子や，失敗を繰り返す子どもは，みんなの輪を乱す悪人のように捉えられ，非難の的となってしまいます。

　本来，人間はミスをするものであり，お互いのミスや失敗を助け合いながら生きていくのが，人間の生き方です。それを教えるのが教育であるはずなのに，これでは「みんなで生きていこう」が，「みんなで攻撃していこう」になってしまいます。同調圧力の怖さはここにあります。

☑ 課題調整をする

　では，どうすればいいのか。お互いを許し合うことができるのは，心に余裕があるときです。まずは，教師が心に余裕をもち，おおらかに子どもと接するようにしましょう。教師がニコニコしているだけで，子どもの心はずいぶん変わります。

　また，子どもに与える課題は，今の力をもってすればもう少しで達成可能な量と質にします。高すぎるレベルのものを与えるとできない子が出て，「あの子のせいでみんなが遅れた」という感情を周囲に抱かせてしまいます。

　個々に合った課題を与えることもします。例えば，体育でバスケットボールをするときは，その子の技能に応じた役割を考えさせます。ドリブルのうまい子がボールを運び，シュートのうまい子が得点し，ボールの扱いが苦手な子はディフェンスをひきつけてスペースをつくる働きをします。こうすれば，それぞれがチームに貢献できるチャンスが生まれます。

　以上のような子どもの関係性や能力を考えた課題調整が，心に余裕を生みます。

☑ 自己肯定感を高める

　他の人を許すことができる状態のときは，自分自身が教師や友達，保護者に認められて喜びに満ちているときです。

　よって，課題を達成できたら，しっかり子どもをほめてあげます。もっと言えば，課題に取り組む姿勢が見られた段階でほめていきます。そして，お互いの頑張りを称え合うような場をたくさんつくりましょう。こうして自己肯定感をもつようになると，学級全体に寛容な心が広がっていきます。

◌ Point

●子どもの心にゆとりをもたせ，許容範囲を広げるべし！

7 けんかが増えていませんか？

11月のこんな場面，ありませんか

　学級で仲良く協力し合う姿を目指して，ここまで学級づくりをしてきたはずが，最近は子ども同士のトラブルが続き，その仲裁に時間がかかり，全体が見られていない。そんなことはありませんか？

どうしたいのかを言わせる

　かつて担任をしていた学級に，女子の3人グループが存在しました。ある日，その3人のうちの1人から，「残りの2人から仲間外れにされる」という相談を受けました。詳しく聞くと，下校途中にいつも自分の知らない話題で盛り上がる2人に対して，自分はこの2人にはじかれるのではないかという不安から，「2人はいつも勝手だ」と言ってしまったことでけんかになり，そこからなんとなく関係が悪くなったということでした。私は，不安な思いを聞いた上で，2人とこれからどういう関係でいたいかを彼女に尋ねました。すると彼女からは，「前と同じように仲良くしたい」という答えが返ってきました。次に，私はもう2人を別室に呼んで，彼女たちにもどうしたいかを聞きました。彼女らも同じ思いでした。その後，3人を呼んで話をしました。「いろいろと誤解はあったようだけど，今後も仲良しでいたい気持ちはみんなもっているようですね。では，過去のことをどうこう言うのはやめて，今後のことを考えましょう。今後はどうしたいですか？」

　こうやって，話し合いをさせました。**邪魔な感情を捨て，本人たちが本当に望んでいる姿に焦点化させることで，解決の道筋は見えてきます。**

☑ 解決は自分たちでさせる

　先のようにけんかが起こったら，**制止は
しても，解決は自分たちでさせるように仕
向けます**。相手の行動に目が行くばかりで，
自分の気持ちや行動に目が向かなければ，
相手に対する文句は止まりません。自分を
振り返らせ，自らの行動を反省し，自らが
行動を変えようとしなければ，またけんか
は起こります。こうしたけんかを自分たち
で解決することで，子どもたちは人間関係
のつくり方を学びます。

☑ 友達のつくり方を語る

　教師は事あるごとに，友達のつくり方を子どもに語らなければなりません。
現在の社会において，こういったことを教えてくれるのは，学校の教師だけ
になってきました。　私はいつも次のような話をします。
　「友達は，自然とできるものではなく，自らつくるものです。自分がその
人に優しく，親切に関わらなければ，友達はできません。また，周囲に対し
て優しい言葉をかけたり，人のためになることをやったりしていれば，向こ
うから友達になりたいと言ってきます。それから，失敗を厳しく追及する人
には，人は寄ってきません。だって，いつ自分が失敗して追及されるか心配
だからです。人を許すことのできる人には，その温かさが伝わって，人が寄
ってきます。これが，友達をつくるコツです」

🔍 Point

●子どもたちが自ら問題を解決できるようにサポートすべし！

8 いじめが起こっていませんか？

11月のこんな場面，ありませんか

　相手を中傷する内容の手紙が回っていた。特定の誰かをニヤニヤ見つめてひそひそと話していた。黒板に「バカ」「死ね」などの落書きが見つかった。私物がゴミ箱に捨てられていた。仲間から無視される子がいた。こういったいじめが頻発するようになっていませんか？

☑ いじめの予防・対応は最優先事項と考える

　行事が一通り終わったこの時期，非常にいじめが起こりやすくなります。いじめは子どもの安全を脅かす事態であり，最優先で防止策・対応策を打たなければなりません。これは非常に重要ですので，少々紙幅を多くとって，11月からでもできるいじめに強い集団のつくりかたを紹介します。

☑ 適切なリレーションと寛容な雰囲気をつくる

　いじめを防ぐためには，過剰な仲間意識や規範意識が働くような言葉かけや活動を見直し，学級内に，適切なリレーションと寛容な雰囲気を育てることに力を注ぎます。リレーションづくりについては，序章（p.14）に記載しておりますので，そちらをご覧ください。また，寛容な雰囲気をつくることについては，本章6（p.110）に記載しています。

　この2つが学級にないと，いじめに強い学級にはなりません。不十分だと思われたら，今からでも育てる努力をしましょう。

☑ いじめにつながる行為に先手をうつ

　いじめを許さないことを学級全体の前で宣言した後，いじめにつながる具体的な行為をあげ，それらを行わないよう前もって指導します。例えば「ひそひそ話」や「手紙回し」「物かくし」「落書き」などです。これらがなぜだめなのか，された側はどう思うのかを考えさせます。全国にはいじめに関する道徳の授業実践がたくさんありますから，それを参考に授業をするのもよいでしょう。それでもこれらの行為を見つけたときには直ちに教師に知らせることや，実行した者は叱られるだけでなく保護者に連絡する場合があることを告げます。こうして先手を打ち，いじめを許さない雰囲気をつくります。

☑ ちょっとした行為に目を配る

　先手を打ったら，授業中や休み時間，給食時間，掃除時間など，様々な場面で子どもを観察し，いじめにつながる行為はないかどうか目を配ります。「授業中に間違った意見を言った子どもを笑ったり冷やかしたりする」「ある子どもにだけプリントが回らない」「隣の子どもと机を合わせようとしない」「いつも重い食缶を運ばされている」「掃除のときある子どもの机だけが運ばれない」など，ちょっとした行為を見逃してはいけません。そういった行為を確認したり，子どもからの報告があったりしたときは，その都度，指導します。こうやって，目を光らせることで，いじめの芽を摘むことができます。ただ，すべての時間，子どもを観察するのは難しいことです。1人では困難な場合は，学年団や生徒指導部や管理職に相談し，時間帯を分けて観察していただく等，協力体制を組みましょう。

☑ 発言力がある子どもに注目する

　いじめをリードする子どもは，学級内で発言力があり，みんなから一目置

かれる存在であることが多いです。こういった子は自分の意見を主張しますが，相手の気持ちになって考えたり，相手の立場に寄り添ったりするといった共感力は弱く，周囲とうまく同調することが得意です（参考：辻川，2017）。こういった子は，教師が最初から手の内に入れておかなければなりません。

　こういった子どもは，みんなの前では華やかにふるまっているように見えて，実は家庭でさみしい思いをしていたり，親やきょうだいから認められていなかったりする場合がよくあります。ですから，教師がいつも意識してその子を観察し，朝出会ったときや休み時間などに，たわいもない声かけをします。「ノートを丁寧に書いていたね」「机といすをきちんとくっつけてしまっていたね」など，細かなところを見つけて，個人的にほめてやるのです。教師がいつも自分を気にかけてくれていると感じると，さみしさが少し満たされ，教師を信頼するようになります。すると，教師の言うことを聞こうとするので，いじめをリードするようなこともなくなります。

☑ 発言量を調整し対等な関係にする

　授業が始まると，常に発言権を求める子どもがいます。こういった子どもが学級内においてリーダー格である場合は要注意です。いつまでもその子の発言ばかりが通っていると，学級内のカースト制は崩れません。また，自治的能力も発揮されません。やはり，一人ひとりがよりよく判断し，正しいと思ったことを自由に口に出せる関係でないといけません。

　赤坂真二氏は，授業中の発言量を調整すべきだと言われています。たくさん発言する子どもの発言量を減らし，その分を他の子どもへ回すのです。

　発言量の調整に加えて，授業中に，すべての子どもが発言できる場をたくさんつくります。「どんな問題か，隣同士で話し合ってごらん」「○○について知っていることを隣同士であげてごらん」「○○になる理由をいろいろな人と交流してごらん」など，短時間でよいので，子どもたちが自分の気持ち

や考えを口にできる場面を多く入れていきます。その発言が正解だろうが間違いだろうが，とにかく全員が学習に参加し，全員が発言するように仕組みます。これができるようになってくると，全体の前で発言できる子も増えてきます。

　以上のようにして，リーダー格の子どもと，それ以外の子どもを対等な立場にしていきます。

☑ いろいろな個性を認め合う場をつくる

　昔，学級で仲間外れにされている子どもがいました。その子は神経衰弱がものすごく強い子でした。私は，神経衰弱をみんなで楽しむ会を企画しました。当然その子が大活躍し，周囲から称賛を浴びる場面が見られました。

　ある子は，手品に凝っていました。そこで，急遽，給食時間に彼のマジックショーを開きました。もちろん，その子には事前に知らせておきました。彼のマジックが成功するたびに歓声が起こりました。マジックが終わると，その種明かしをしてほしくて，彼の周りに多くの子どもが集まっていました。

　ある2人の子は，両方，漫画をかくのが得意でした。一方は，自作のキャラクターが活躍するストーリー漫画を何十冊もかいていました。私は，この2人に，お互いの共通点を紹介しました。すると，その2人はとても仲良くなり，互いに漫画の話で盛り上がるようになりました。それが，周囲の子にも広がり，漫画をみんなでかく姿がよく見られるようになりました。

　こうやって，みんな同じではないそれぞれの個性を紹介し合うことで，様々なタイプの子どもが集団にいる方が楽しいと思わせるようにします。

🔍 Point

●子ども同士の中で対等な人間関係を構築していくべし！

●いじめにつながる小さな行為に目を配るべし！

●いろいろな個性の存在を認める雰囲気を学級につくるべし！

「11月危機」に直面したときの心構え

　11月の荒れに直面したときが，教師にとっては一番ショックが大きいかもしれません。これまで，自分なりにうまくいっていると自負していたものが，突然に，そして短期間に崩れていく感じは，本当につらいものがあります。自分が子どもを理解できていなかったことへの情けなさや，自分に対する憤りも感じることでしょう。一方，学級づくりがうまくいっている学級は，11月は1年間で最も伸びる時期です。そんな学級と比較すると，残酷なまでもの差が歴然として見えてきます。だから，焦る気持ちはよく分かります。なんとかしようとしてもがく気持ちも分かります。私もそうでしたから…。

　ところで，私の家は農家です。幼いころから田畑を耕し，米づくりや野菜づくりを手伝ってきました。私が学級づくりのことで悩んでいたとき，畑に真っ赤に実ったトマトを手にしながら思ったことがありました。トマトはトマトとして育つようになっている。他の野菜に変えようとしても変わるはずがない。

　そのとき，私は，学級や子どもの本質を見ようとしないで，目の前の子どもを私の願う姿に仕立てようとしていたことに気づきました。だから，反発を受けたのです。子どもからしたら，「先生，ちゃんと僕たちを見てよ。僕たちは，先生の理想をかなえるためにいるんじゃない。僕たちは，僕たちらしく成長したいんだよ」というメッセージのつもりだったのでしょう。

　そこからの私は，無理して子どもを変えることをしなくなりました。全員を一点に向かわせることもやめました。その分，しっかり個人個人を見ることに専念しました。ありのままを伸ばしてやる。そう考えることができるようになったとき，気持ちがぐっと楽になったことを覚えています。

5章

2月からの
学級立て直し

―学級じまい直前でつまずいたら―

2月からの 荒れのメカニズム

☑ 実はそれまでのストレスが溜まっている

　1月から少しずつ様子が変わって，2月に入ると急に荒れが訪れたという話も珍しくありません。しかし，本当に荒れの始まりは2月からなのでしょうか？　実は，そうではないのです。今まで子どもはストレスを溜めていて，教師がそれに気づかなかっただけなのかもしれないのです。

☑ これまでの頑張りでは認められない苦しさ

　「残り2か月で，もっとこうしよう」「この学級ならもっとできるはずだ」「新たにこんなことを始めよう」など，学級の完成型に向けて教師は子どもたちにさらなる期待をかけます。しかし，当の子どもたちにしてみれば，ここまで努力をしてきて，まだ，認めてもらえないという苦しさを感じることになります。この時期にもなれば，学習内容も終わりに近づきますし，いろいろな面で，「仕上げ」とか，「まとめ」とかいった言葉が飛び交います。これまでを振り返り，よく頑張ってきたと認めてほしい時期なのです。これまでつけてきた力を確認したり，それを身につけてきた自分たちを称え合ったりしたいのです。それなのに，担任から出る言葉は，できていないことに対する愚痴だったり，さらなる改善を求める言葉だったりすると，子どもはいたたまれない気持ちになります。

さあ！
もっとがんばろう！

まだがんばら
なくちゃ
いけないのか…

120

☑ さらなる詰め込みの怖さ

　こうやって信頼感が薄れかけているときに，教師はさらなる課題を子どもたちの上に積み上げていこうとします。残りの日数を考えると気が焦り，課題調整することを忘れて，そのまま上乗せしてしまいます。この時期は，6年生から5年生への引き継ぎの時期だったり，来年に向けての教育課程編成に関する書類の作成だったり，卒業式や6年生を送る会の提案だったりと，忙しい日々が続き，子どもとの関係を楽しむ余裕がありません。そうした，子どもとの心の距離があるときの詰め込みは，子どもとの人間関係を崩してしまう恐れがあります。一体，どこまで頑張れば，自分たちは解放されるのだろうかという見通しのなさに子どもたちは耐えられなくなるのです。

☑ 消化試合になる

　そんなとき，子どもは，あと2か月もすればこの学年は終わりであることに気づきます。今から新たなことを始めても，結果が出るかどうか分かりません。結果が出なければ，教師からダメ出しを受け，挫折感を覚えることになります。「それならいっそ，課題を放棄して，残り時間を楽に過ごしたい」そう考えても，おかしくないと思いませんか？

　こうなると，残り2か月という期間は，単なる消化試合となります。来年のことばかりに気が行って，今の生活には目が向かなくなります。すると，一気に無気力感が漂い始め，勝手な行動をする子どもが増えてきます。それをたしなめる教師の声も頭の上をむなしく通り過ぎるだけに終わります。こうやって，2月の荒れは起こります。そして，ここで生まれた荒れは，3月末まで続き，学級は荒れたままで終着を迎えることになるというパターンが多いのです。

1 授業が成立しなくなっていませんか？

🐝 2月のこんな場面，ありませんか

　授業中に教科書もノートも開かないままで，机の上にふせっている子どもがいたり，平気でおしゃべりをしていたり，ロッカーの上でふざけていたり。注意をしてもおかまいなし。これまでは大丈夫だったのに，2月になってから，こんな風に授業が成立しなくなってきていませんか？

☑ チームで対応する

　このような状態に，担任が1人で対処するのは無理です。すぐに管理職や生徒指導部案件にし，学年団の先生と連携して対応を考えます。複数で授業に入る，学級を解体して授業を行う，取り出し指導をするなど，方法はあるはずです。それを学校全体で考えるのです。当然，保護者にも事実を伝え，学校への理解を求めるとともに，家庭でもしっかり言い聞かせていただけるようにお願いをします。保護者の協力が得られればものすごく心強いです。

　こうして，学校の職員，保護者がチームとなって，この問題に当たります。ここで大人がひるむことなく，荒れる子どもたちに対峙することが他の子どもたちの規範意識を保つことにつながります。また，荒れる子どもたち自体の抑制にも役立ちます（p.108・第4章5参照）。

☑ 今までの成長過程を振り返る

　授業では，単元計画を工夫して生み出したゆとりの時間を使って，今まで

の学習の振り返りをします。例えば，国語の物語教材をクイズにして，みんなで解く時間をつくります。「さみしかったスイミーが最初に見た生き物は何？」「白いぼうしの持ち主は，たけやまようちえんの誰でしょう？」「残雪が戦ったのは何？」のように，その学年で習った作品，１作品ごとに５問ずつ作成します。そして，班ごとにどの作品の問題にチャレンジするかを選択し，班員の一人ひとりに１問ずつ答えてもらうのです。もちろん，班内での教え合いは OK です。これはかなり盛り上がります。新たな学習には抵抗を示す子どもも，こういった学習なら興味をもって取り組むことができます。

　ところで，ここで必ず入れてほしいことがあります。それは，**それぞれの学習場面での子どもたちの頑張りを想起させる**ことです。「あのときの〇〇さんの発言は光っていたよな」「だれが主人公かというみんなの話し合いが白熱したよね」など，そのときの頑張りを認める話をするのです。こうやって，少しでも自己肯定感を味わわせてやることがこの時期には必要です。

☑ 基礎基本を定着させることに重点をおく

　新たな詰め込みよりも，漢字や計算や用語など，これまで学習してきたことを定着させる時間をしっかりとるようにします。プリントばかりをさせるのではなく，学び直しをするのです。これは，習得できていない子への手立てともなります。荒れる子どもの中には，学習の積み上げができていないことが不安となっている子も存在します。以前，荒れた学級の子に「どんな学校が好き？」と聞いたとき，一番多かった答えは，「授業が楽しい学校」でした。子どもは勉強が分かるようになりたいのです。できないままの自分では自己肯定感をもつことはできません。こういった気持ちを救ってやる場面を用意するのです。

☀ Point
●これまでの努力や成長を称賛する授業を仕組み，自尊感情を高めるべし！

2 行事の練習をしない 子どもがいませんか？

2月のこんな場面，ありませんか

　年度末に行われる6年生を送る会や卒業式，最後の参観日でのミニ学習発表会など，各行事の準備や練習が始まっても，なかなかそれに参加せずに，どこかへ抜け出したり，何もしないで文句だけ言ったりしている子どもはいませんか？

行事の目的と達成目標を確認する

　学年末が近づくこのころになると，教師もまた大忙しとなります。そんな中で行われる恒例の行事は，目的意識を十分もたせないまま指導に入ってしまうことが多くあります。荒れの兆候が見える学級の子どもたちにとって，こういった課題の与え方が一番のストレスになります。彼らからすると，もう新しい学年が見えてきているわけですから，こういった行事は消化試合のように思えてしまいます。よって，教師からの新たな押しつけのようにしか捉えられないのです。

　そこで，まずは，行事の目的を理解させ，その到達目標のイメージをしっかりもたせることに時間をかけます。例えば，6年生を送る会なら，会の目的を共有した後，6年生に自分たちのどんな姿を見てほしいか話し合います。そして，それを手紙に書いて6年生へ届けます。さらには職員室の先生方にも届けます。こうすると，6年生や先生方と約束したことになるので，その約束を守ることが目標となります。

　こうした目標づくりをすれば，誰にどんな評価をしてもらえばいいのかが

はっきりするので，行事に意味をもたせることができます。

☑ ビフォーアフターを映像に撮る

　教師主導ばかりの練習をしていると，子どものフラストレーションが溜まります。なんでも教師の言いなりに動き，教師のイメージに合わなければ注意されます。自分たちができても誰かができなければ，何度も繰り返し同じことをしなければなりません。自分たちで考えることもなく，ひたすら練習をするだけなのですから，フラストレーションが溜まるのは当たり前です。

　そこで，練習の様子を映像に撮り，後で学級全員で見るようにします。こうすれば，自分たちが第三者からどう見えているかを確認することができます。そして，次の練習のときも映像に撮り，以前と比べてみます。比べてよくなっているところはみんなで称賛し，課題が見つかったら，どうすればよくなるかを話し合い，そのための練習のアイデアを出させます。

　こうやって，子どもたちが主体的に行事に関わるように仕組んでいくのです。

☑ 子どもたち自らが評価者となる

　練習の終わりには，その日の練習の反省をします。ここでの評価も子どもたちにさせます。よかったところや，悪かったところを自由に出させます。そして，目標にどれくらい到達できたかを確認し合います。このように評価者を子どもにすることで，やらされ感ではなく，自ら意欲と責任をもって行事に参加することができるようになります。

◎ Point

●子どもが評価者となって主体的に行事に関われるように工夫すべし！

3 非建設的な意見が 学級全体に広がっていませんか？

🐝 2月のこんな場面，ありませんか

　3学期のさらなる成長を考えて，新たに「○○しよう」と呼びかけても「そんなのできない」という反応が返ってきたり，何か失敗すると，「○○さんが悪い」と責任追及が行われたり。こんな非建設的な意見が出やすくなってはいませんか？

☑ さらなる積み上げをしようとしない

　「1年間の最後にもう少し○○させたい」という気持ちは分かりますが，子ども自らがそれを願っていなければ，教師の独りよがりになってしまいます。そして，できなかったことを指摘されると，どこまでいってもゴールが見えない暗闇を進むような感覚に陥り，子どもたちは困惑します。ここに反発が生まれ，教師の新たな「○○しよう」に，子どもたちは NO を突きつけます。**この時期になっての安易な積み上げは避けるようにしましょう。**

☑ これまでの伸びに目を向ける

　子どもたちの内発的動機づけを促すためにも，年度当初と比較した伸びに目を向けるようにします。できれば，見える形で提示すると，子どもに達成感が湧きます。例えば，4月のノートと現在のノートを比較して，どんな成長があるか，みんなで話し合います。使い切った自学ノートを積み上げて，どれくらいの高さになったかを測ってみるのも面白いです。これは，福山憲

市氏に教わった実践です。かつての教え子は2mを超える高さを記録しました。

　歯磨きの表彰状や，残飯ゼロの表彰状，掃除チャンピオンの表彰状など，各委員会からの賞状も掲示しておくと，これまでの頑張りが見てとれます。

　読書するたびにページ数を記録していく「読書の旅」を実践していれば，今までの積み上げを確認することができます。こうして自己肯定感を高めることで，次への意欲が生まれます。

　学級目標にどれだけ近づいたのかを話し合わせることもします。できてきたところをあげた上で，今後はさらにどうしていきたいかを話し合います。このときに教師の考えも提案してみます。子ども自身の意見に関連づける形で話すことで，教師の一方的な提案ではなくなります。すると，教師の意図がより伝わりやすくなり，子どもも指示を素直に聞くことができます。

☑ 前向きな考え方になるよう方向づける

　失敗を悔いたり，責めたりする言葉が教師から出ていると，子どもは自分たちに自己肯定感をもてません。また，いつも反省をさせられると，誰かを責めたり，失敗を怖がったりするようになります。こういった気持ちにさせないためにも，「今後どうしていけばいいか」に焦点を当てた話し合いにします。これなら，前向きな考え方につながります。

　授業においても，課題を解決できなかった子どもを責めてばかりいると，子どもたちは傷つきます。それよりも，「解決しようと考えを出し合ったところがよかったよ」などと，学習過程をほめてやります。すると，結果ではなく，学び方に価値を感じられるようになります。すると，非建設的な発言が減っていきます。

◌ Point
●さらなる積み上げをやめ，自分たちの成長に目を向けさせるべし！

4 学級への信頼をなくしている 子どもがいませんか？

2月のこんな場面，ありませんか

リレーションづくりを行ってきたにもかかわらず，数人で徒党を組んで活動をする子が出てきたり，どうしても特定の子とグループになろうと駄々をこねる子が，2月になってから出てきていませんか？

☑ 学級で達成してきたことを振り返る

だんだん人間関係が悪くなってくると，自分が孤立することを回避するために，特定の友達をそばにおいて安心感を得ようとします。その表れが，上記のような行動を生みます。ここは，もう一度，学級のよさに注目させると同時に，自分の所属感を再確認させる必要があります。

私は，学習や行事，集会などで，学級みんなで何か達成感を得ることがあるたびに，それを短冊に書いて（できれば学級全員の写真つき）掲示しておくようにします。そして，この短冊を読みながら，みんなで苦労したことや

頑張ったことを思い出すような場面をつくります。

こうすると，学級のよさを子どもそれぞれに思い出させることができます。また，その場面での思いを共有化することで，学級のつながりを感じさせることができます。

11月16日 音楽発表会

一人ひとりの奏でる音が，ひとつの音楽をつくる！

12月10日 持久走大会

忍耐の先には達成感がある！ 辛抱は一生の財産！

☑ 友達のいいところを全員で書いてみる

　水泳で25m泳げたことに自信をもち，自分から発言できるようになった子がいました。その子を指名する際には，「あのときの水泳の自信が，こんな風に波及したんだね」とにっこりしながら語るようにしました。私は，こういった語りを2月になるといろんな子に行っていくようにします。

　その後，「友達のいいところを全員分書く」という宿題を出します（学級の人数が多い場合は数回に分けます）。友達のよさを振り返ることで，その子への見方も変わるし，それを書く自分に対しても心地よさを感じることができます。後で，誰のどんなよさが書かれているかを教師が確認します。具体的な記述がされている子はいいのですが，「優しいところ」「明るいところ」など，抽象的な説明で終わっている子は，みんなからの注目が薄く，不安を抱えている可能性があります。そういった子には，他の子どもからの評価を伝え，みんなからマイナスに見られてはいないことを伝えます。こうして，全員に，みんなが自分を見ていてくれている安心感を抱かせるようにします。

☑ 「実はあのとき」で１年間の秘話を語り合う

　みんなが知らないであろう秘密の美談をクイズにします。「私が○○で困っていたとき，□□して励ましてくれた人がいます。誰でしょう？」「みんなが帰った後，○○さんは１人で，みんなのためにあることをしてくれています。さて，それはなんでしょう？」といった具合です。これを全員で解き，学級にそんないい人がいるということや，それを見てくれる人がちゃんといることを認識し合います。これは，とってもハッピーな気分にしてくれます。

◎ Point

●学級のよさを振り返り，学級への信頼度をアップさせるべし！

5 自分勝手なルールで 行動する子どもがいませんか？

✎ 2月のこんな場面，ありませんか

「掃除が早く終わった人から遊んでもいいんだよ」「100点の自信がある人は漢字の宿題をしなくてもいいんだよ」「下駄箱の靴がそろってなかったら，その子の靴を出しておけばいいよ」など，自分勝手なルールを提示して好きなように行動している子どもはいませんか？

☑ 自分勝手を許さない

これまで学級で築いてきたルールを無視し，自分勝手なルールを提示して自分の好きなように行動しようとする行為を認めてしまうと，集団としての機能が働かなくなります。自分勝手な子に主導権を握られてしまうことになりますし，「ルールが自由に変えられるなら，守る必要はない」と周囲の子どもまでもが自分勝手になるからです。

ここは，少々の反発は覚悟で，毅然とした態度で NO を突きつけます。「○○については，□□だったよね」と全員で確認するとともに，周囲の子を味方につけます。「みんなで決めたルールです。きみもうちの学級のメンバーなら，みんなで決めたルールを勝手に変えないでください」と強い口調で言います。

これは，**自分勝手な行動をする子どもを変えることが目的ではなく，集団の規範意識を保つために行います。**そして，これまで，ルールを守ってきた子どもたちに勇気を与えるために行います。

☑ 仲間は対等であることを話す

　勝手にルールを変える行為は，その子にとって**学級のみんなへの評価が低く，自分に対しての評価が高いときに起こります**。みんなを軽蔑して自分よりも下に見ているのです。どうしてそう思うのかは別に聞くとして，どんな理由があろうとも，学級の仲間は誰が上でも誰が下でもなく，みんな対等であることを教えます。

　しかし，このような評価の差を生み出す要因が，実は教師の言動にある場合があります。例えば，ほぼ１年たっても，まだ子どもたちの大部分に身につかない何かがあったとします。そのとき教師が「もう２月になるのに，まだこんなこともできないのか」などと叱責を繰り返していると，できないことが強調されます。その叱責の対象が学級全体である場合は，教師が学級全体の評価を下げていることになります。これを見て，一部のできる子が，「自分はできるけど，みんなはダメだ」と判断してしまうのです。２月になって，もう少し成長させようと子どもたちを鼓舞したかったつもりが，逆効果になってしまいます。

☑ 周りの子に学級のルールを守らせる

　あと１か月で学年を終了する段になって，自分勝手な行動をする子どもが教師に注意を受けたからといって改心することはないかもしれません。ここは，前述したように，これまでルールを守ってきた他の子をほめ，ルールを守ることは当然であることを学ばせます。「みんなが守るから，自分も守ろう」というのが人間の心理です。この空気になびけば，自分勝手な行動をする子も，自ら行動を改善する可能性があります。

🔍 Point

●集団の規範意識を高めることで，自分勝手な行動を防ぐべし！

学級じまい直前でつまずいたときの心構え

　担任になったら，目の前の子ども全員にとって，自分との出逢いを価値あるものにしたいと，誰だって思うはずです。私だって，そう思っています。

　しかし，子どもたちは，これからも，いろいろな人と出逢っていきます。中学校へ行っても，高校へ行っても，大学へ行っても，就職をしても，そこで必ず，人と出逢うわけです。そんなたくさんの人の中から，いつか自分の人生を左右するような人と出逢います。それは，きっとたくさんの人ではないでしょう。1人，2人といった限られた数です。

　ですから，担任しているすべての子どもにとって，教師が人生を左右する人であるということは，考えにくいことです。すべての子どもにとって，自分がすばらしき出逢いの人にはなり得ないのです。

　そう考えると，教師との関係がうまくいっていない子には，きっと，これから先の未来で，人生を左右する人が待っているはずです。その人との出逢いを邪魔してはいけません。その人と出逢えることを祈ってあげましょう。

　そして，そばにいる子どもの中で，教師に一生懸命まなざしを送っている子どもをしっかり見てあげましょう。その子にとっては，自分こそが人生を左右する人なのかもしれないのです。その子にだけは，人の温もりや人と生きる楽しさを伝えてあげてください。

　2月を迎え，残り1か月。子どもたちは，もう，先を見ています。そんな彼らに，今をどうこうするよりも，将来によき出逢いがあるよう，応援をしてあげる。教師としての仕事は，それだけでもいいのではないでしょうか。

6章

年度途中からの
学級立て直し

―荒れた学級を引き継いだら―

年度途中で
荒れた学級を引き継ぐポイント

☑ これまでの指導とシステムの在り方を知る

　残念ながら，荒れは学習によって後から獲得されるものです。はじめから荒れる子どもはいないのです。きっと，これまでの指導やシステムの中に，荒れの要因となる子どもとのズレがあったはずなのです。引き継ぐ学級にどのような対応をするかを考える前に，これまでの学校での過ごし方や，受けてきた指導とシステムを明確にしましょう。まずは，相手のことを知らなければ，手の打ちようはありません。逆に，相手が見えれば，何をすればよいかが見えてきます。

☑ これまでのシステムは生かす

　数か月ではあっても，その学級には歴史があり，いくら自分が新たな担任だといっても新参者であることに変わりはありません。まずは，**子どもたちに敬意を払う意味でも，急な変更によるストレスを与えないという意味でも，これまでのシステムは基本的に残すようにします。**

　実際にあったことで言えば，前担任を慕っていた子どもが，新たに担任となった私に，「○○先生との思い出を残してくれてありがとう」と言ってきたことがありました。子どもには，そのシステムに，それなりの思い入れもあったりするのです。

　ただし，このシステムが荒れの要因となっているというものがあれば，そこだけは取り除くようにします。

☑ これまでの指導と真逆の指導を入れる

　これまでのシステムは生かしつつも指導の入れ方は真逆の立場をとり，「今度の先生はちょっと違う」と認識させます。これまでの学級の歴史を見て，荒れが教師のゆるさから来ているのであれば，少し厳格な指導を入れます。逆に，厳しさが荒れを招いているのであれば，楽しいゲームなどを多用し，和やかな雰囲気をつくるようにします。ルールの確立ができていないなら，ルールを徹底させるところから始めます。人間関係ができていないなら，しっかり自己開示して子どもと触れ合うことでつながりを構築していきます。

☑ 子どもとぶつからない

　荒れた子どもたちの言動に，あれこれ言いたくなるのは分かります。しかし，**細かな注意は人間関係ができてから行う**ようにします。どう考えても子どもたちの方がおかしいだろうと思えることでも，そうするには何か理由があるはずです。それを探ってやることに力を注ぎます。最後まで彼らの言い分を聞いておきましょう。そのほうが，彼らを理解するのに役立ちます。

☑ 成長できると思わせる

　荒れた学級の中には，「どうせ自分は何もできない」と諦めを感じている子どもがいます。また，真面目な子は，問題行動を起こす子どもの陰で，脱力感を抱いていることでしょう。そんな子どもたちを，自分たちもこの教師のそばにいれば成長できると思わせるようにします。

　まずは，真面目な態度で臨んでいる子どもをしっかりほめます。それから，一部分だけでも向上的変容が見えたらほめてやります。こうやって，小さくてもほめられた事実を積み上げていくことで，だんだんと子どもの意欲を高めることができます。

1 投げやりな気持ちの 子どもがいませんか？

担任交代してすぐのこんな場面，ありませんか

　課題を出しても，それを自力解決できないと，「どうせ，俺は頭が悪いし」と吐き捨てるように言ったり，もう少し頑張るように励ましても，「どうせ私らには無理だし」と端から投げやりな態度で，挑戦しようとしなかったりする子がたくさんいませんか？

漢字のミニテストで100点をとらせる

　新出漢字を学習したら，10問だけのミニテストをします。それまでに習った漢字は含めず，自分が担任した後の漢字から出すようにします。テストの前日に，音読したり，指書きしたり，空書きしたりして，次のミニテストに出てくる漢字を復習します。宿題でも，漢字ノートに2回程度，練習させます。そして，当日の朝，漢字ノートをチェックします。もしミスがあったら，すぐに直しをさせます。ここまでやって，ミニテストを行います。制限時間は3分ほどが目安です。ここまで行えば，ほとんどが100点のはずです。1問くらいのミスはあるとして，90点以上を合格とします。「100点だった人？」「90点だった人？」と尋ね，頑張りを称賛してやります。間違えた問題は，3〜5回ずつその場で書いて練習させます。そして，帰りの会の後で再度，同じテストをします。このとき，**間違っていた問題だけを行う**のがみそです。これは，向山洋一氏の実践です。教師が〇つけしてやり，「一発で100点はとらなくても，リカバリーできたら，それも100点にカウントしてあげるね」と言います。こうやって，帰るまでに全員が100点をとれるように

します。

　この実践を行うことで，自分だってやればできるんだという内発的動機づけを行います。

☑ タイム記録カードを利用する

　国語の教材文を音読して，毎回タイムを計るようにします。あまりたくさんの量で行うと抵抗があるので，意味段落や形式段落を指定して，無理のない範囲を読ませるようにします。これも，自分の伸びが確かめられるように，毎回同じ場所を音読させます。そして，毎回タイムをカードに記録していきます。１秒でもタイムが縮まったら，ほめてやるようにします。タイムがこれ以上縮まりそうにない状態になったら，別の範囲を指定します。

　この音読と同じように，100マス計算でも，タイム記録カードを準備し，自らの伸びを常に感じられるようにしてやります。

☑ いろんなチャンピオンを育てる

　勉強だけではなく，ときには，「アルミ缶積み」「新聞を細長く途切れないようにちぎる」「10秒ちょうどでストップウォッチを止める」など，遊びの要素があるものでもチャンピオンを決めていきます。これも数回行い，練習すればうまくなるという経験を積むようにします。こうすれば，勉強が苦手な子でも活躍できる場が増えます。

☀ Point

●成長の見える化をたくさん行い，内発的動機づけを行うべし！
●遊びの中にも成長を感じられるものを入れて，刺激を与えるべし！

2 やたら前担任と比べてくる 子どもがいませんか？

❀ 担任交代してすぐのこんな場面，ありませんか

何か指示すると，「前の先生の方がよかったなあ」とか，「前の先生は〇〇してくれたのになあ」などと，やたら前担任と比べて，ダメ出しをする子どもがいませんか？

☑ 2つのグループの存在を認識する

もうお分かりだとは思いますが，こういった発言が出る場合，以前の学級経営には指導の甘さやゆるさがあったのだと推察されます。そのため，子どもたちは，自分たちに都合のよいようにシステムを変えてきたのでしょう。だから，前の担任のことをもち出して，そのシステムを残そうとするのです。

しかし，一方で，**以前の担任を慕っているが故に，その先生が残してくれたシステムを継続したいと思っている子どももいます。**

同じ学級であっても，子どもの中には，この2つのグループが存在することを認識しておいてください。

☑ よいシステムを残す

新たに担任をすると，気持ちをリセットして始めたいと思う気持ちは分かります。しかし，**子どもたちには，これまでのストーリーがあります。**

彼らなりに積み上げてきたものもあります。そういったものをすべて踏みつぶして平らにし，そこに新たなビルを建てようとすると，いらぬ反発をか

ってしまいます。まずは，子どもたちのプライドを傷つけないためにも，なるべく同じシステムで生活するようにします。教師が，相手を受け入れるところから始めるのです。

☑ 取り除くべきシステムは納得を得た上で改善する

　そうは言っても，急いで改善しなければならないシステムがあることも事実です。教師が，このシステムは取り除くべきだと判断したら，まずは子どもの納得を得るために，「どうして変える必要があるのか」「どのように変えたいか」「それによってどんな効果があるのか」を話します。そして，子どもの賛同を得てからシステムを変更させます。こうすることで，子どもたちに，自分たちを対等に扱ってくれるという気持ちを抱かせます。実はこの気持ちが，信頼関係を築く第一歩となるのです。

☑ アンケートをとる

　残すシステムと取り除くシステムを見分ける手立ての１つとして，子どもたちにアンケートをとってみるのもよいかもしれません。現在のシステムを箇条書きにし，残すものには○，変えてもよいものには△をつけます。なぜ，そう思うのかも書いてもらいます。こういったアンケートを参考にして，残すものと取り除くものを仕分けします。

●年●組のためのアンケート
みんなと学級づくりをしていくためのアンケートに協力してください。先生は，みんなが続けたいものは残せばいいし，変えたいものは変えればいいと考えます。何を，どう変えればいいのかを考える参考にするので，正直に答えてくれるとうれしいです。残したいものには○，どちらでもいいものには△，変えたいものには×をつけてください。理由や意見があればコメントのらんに書いてください。

番号	こう目	チ
1	げた箱にくつを入れるときはそろえて入れなくてもよい。	
2	宿題を種類ごとに上に重ねて出す。	
3	当日の予定と明日の予定が前の黒板に書いてある。	
4	明日の予定を書いて先生に出せば，連絡帳のチェックを受けないで遊びに行ける。	
5	自分のロッカーに入らない荷物は，後ろの棚に自由においてもよい。	
6	ぼうしは，ぼうしかけにかけなくても，机やロッカーなどに入れておいてもよい。	
7	チャイムが鳴ってもみんなが揃うまで待って，朝の会を始める。	
8	朝の1分間スピーチはテーマなしで，その人の自由な話題でよい。	

⚲ Point

●取り除くシステムは子どもの納得を得た上で改善するべし！

3 教師を試してくる 子どもがいませんか？

❧ 担任交代してすぐのこんな場面，ありませんか

赤鉛筆を使うルールを決めたのに赤のボールペンをもってきたり，下敷き を敷くように指示しているのにあえて敷かなかったりと，ルールや指示に従 わず，教師を試す子どもがいませんか？

☑ 注意するときはみんなを味方につける

新しい担任がどんな教師なのか。この教師は，どこまで許してくれるのか。 途中で担任が代わると，子どもたちの興味は教師そのものに集中します。**こ こで，教師の威厳が損なわれたら，立て直しは難しくなります。**

以下は，向山洋一氏に教わった実践です。決めたルールを翌日には破って しまう子がいたら，すぐさま指摘します。改善しようとする態度が見られな ければ，「みなさん，先生は，赤鉛筆をもってくるように言いました。ボー ルペンだとカチカチ音を鳴らして，他の人の勉強の邪魔になるからです」と 全体でルールを確認します。さらに，「ルールを守って赤鉛筆をもってきた 人？」と尋ねます。ほとんどの子どもがもってきていることを確認したのち， 「それでももってこないのは，いいことだと思う人？　悪いことだと思う 人？」と言って人数を確認します。ほぼ全員が「悪い」に手をあげます。最 後に，「○○さん，明日はどうしますか？」と本人に詰め寄ります。「明日か らもってきます」と言えば，「自分が間違っていると思って，考えを変える ことは勇気がいることだよね。よく勇気を出したね」とほめます。それでも もってこないと言い張る場合は，後ほど個別に話し合い，理由を探ります。

☑ 小まめなチェックを入れる

　ルールを決めたら，２週間はそれが守られているかを毎日チェックします。**教師の目がいつも全員に向いていることを意識させる**ためです。授業や朝の会の冒頭を使って行います。できていないところは，やり直しをさせます。こうやって，ルールづくりを行っていきます。持ち物や服装の確認，机とロッカーの整理整頓などは，その後も定期的にチェックをします。こういった厳格な面を子どもに見せておく必要があります。

☑ 交渉する

　「国語をやめて外でドッジボールしようよ。前の先生はやらせてくれたよ」なんて言ってくる場合も，毅然とした態度で，それはできないことを告げます。もし，許可を出すと，次からはもっと大きな要求をしてくることもあります。できないものはできないときっぱり答えることで，「この先生は一筋縄ではいかない」と思わせるのです。ただし，なんでも否定していると，先生に対する拒絶が生まれてきます。「全部は無理だけど，早めに授業を終わらせれば，してもいいよ。その代わり，勉強はきちんとするんだよ。どう？」と交渉します。「厳しさもあるけれど，話せるところもある」といったイメージをもたせることができたなら OK です（p.38・第１章６参照）。

🔍 Point

●教師の威厳は保ちつつ，交渉もできることをアピールすべし！

4 グループ別に 遊びに誘われていませんか？

✂ 担任交代してすぐのこんな場面，ありませんか

休み時間，「先生，○○して遊ぼう」「先生，□□して遊ぼう」と複数の誘いがあり，「じゃあ，みんなで一緒に遊ぼうよ」と言うと，「それならいい」と言って離れていってしまう…なんていうことがありませんか？

☑ 遊ぶグループと遊ばないグループをつくらない

こういった場合，学級内のグループ化が進んでいると見て間違いないでしょう。一緒に遊んだグループの子どもは，教師を味方につけたつもりになるでしょう。反対に，一緒に遊ばなかったグループからは，不公平な人と見られることになります。すると，そのグループの子どもたちからは嫌われてしまいます。

あくまで教師は公平でなければなりません。一緒に遊ぶことが無理ならば，一緒に遊ぶ順番を決めます。業間休みはＡグループと，昼休みはＢグループといった具合です。それでも，後か先かのことで問題になるなら，次の日はＢグループと遊んでから，Ａグループと遊ぶようにします。もちろん，回数は同じにします。

それから，誘いを受けるグループや個人だけでなく，**何も言ってこない子どもたちにも目を配ります。**何も言わないのではなくて，言えないのかもしれません。誘いにくる子どもたちばかりと遊んでいては，こういった子どもから後々不満をぶつけられることになりかねません。教室に残ってばかりいるグループとおしゃべりしたり，いつも絵をかいている子に「なんの絵をか

いているの？」と声をかけたり，読書をしている子と一緒に読書をしたりと，いろいろな子どもと関わりをもつように努力します。

☑ 子どもたちと程よい距離をとる

　いつもどこかのグループと遊んでいればよいかといえば，なかなかそうともいえません。平等に遊ぶのには限界もあります。**はじめは一緒に遊びますが，だんだんとどのグループの子どもからも程よい距離をとるようにします。**運動場へ出かけてもどこのグループにも属さず，全体を見渡す位置に立って子どもの遊んでいる様子を見ます。教室では，教卓に座って，何か作業をしながら，子どもの様子を観察します。子どもにとって，いざとなれば声をかけられる位置にいて，自分たちを見守っていてくれる教師であるようにふるまいます。こういう中立的な立場に立つことで，どの子からも不公平感を生まないようにします。

☑ リレーションづくりを並行して行う

　以上のような程よい距離感を保ちつつ，学級経営のいたるところで，子ども同士のリレーションづくりを行っていきます。p.14・序章「1　荒れる要因をもつ学級とは？」にもあげているように，いざとなれば誰とでも協力ができる関係づくりを行っていくのです。

　席替えを頻繁にしたり，アイスブレイクや簡単なゲームを楽しみながら自己開示をはかったり，グループ活動を増やしたりして人間関係をつくる努力を日々行っていきます。こうやって，学級内のグループ化を崩していきます。

⚲ Point

●子どもたちに不公平と感じられない，程よい距離をとるべし！

5 集中力が持続しない子どもが たくさんいませんか？

🐝 担任交代してすぐのこんな場面，ありませんか

　何か活動を指示すると取り組みはするけれど，集中力が続かず，しばらくすると「もう無理」と言っておしゃべりを始めたり，遊んだりする子どもがたくさんいませんか？

☑ 小さな成長を見つけてほめる

　荒れた学級の子どもの特徴として，「気が短い」「飽きっぽい」「挫折に弱い」「変化がないと楽しめない」などがあげられます。何かを成し遂げるために，ある程度の継続した時間を辛抱しながら努力することが，なかなかできません。ですから，最後までやり抜いて目標を達成したらほめてもらえることはありません。そこで，ある一瞬とか，ある一部分を見て，よい行いをしていたり，伸びが見えたり，向上的変容が見えたりしたら，ほめていくようにします。こうやって，**活動の途中で評価することで，集中力を持続させることができます**。

　例えば，教師や友達の話を集中して聞いている子をほめようとしたとします。しかし，荒れた学級には，1時間中その態度を貫ける子はいません。そこで，話を一瞬でも聞いている子どもをほめるようにします。これなら，複数いるはずです。「○○さんの今の聞き方はいいなあ。聞き方がうまくなってきたね」といった具合に，**あたかも伸びが見られたようにほめるのです**。

　また，ノートの一部分でも丁寧に書いている子どもがいたら，そこもほめるチャンスです。それ以外の字がどうであろうと，そのときの字をほめてや

りますその一瞬でも頑張っていたのですから「いい字が書けているね集中して書いている証拠だよ」とさりげなく言ってあげます

　こういった小さな成長を見つけて全体に紹介し子どもたちの活動を励ましていくことが集中力を持続させる力に結びついてきます

☑ 変わろうとする瞬間をほめる

　前述のように細かく見ていても向上的変容まで待つと結局ほめられないまま終わってしまうことがありますですから**変容に向かおうとしたその姿をほめる**ようにします例えば下敷きを敷いて書いていない子どもがいたとしてその子に下敷きを敷くよう指示したとします机には下敷きは出ていませんその子が下敷きを出してノートに挟んで書き始めるまで待っていてもそこまで行動するかどうか分かりませんそこでその子が下敷きを出そうとした瞬間からほめますさらにノートに挟もうとする瞬間もほめます最終的に下敷きを敷いて書き始めたときもほめますこうすればかなりの回数のほめ言葉をかけることができます

　簡単にできるところもほめることでその子の意欲を生み向上的変容が見られるまで継続させる経験をたくさん積み上げることで集中力を継続させる力がつきます

☀ Point

●小さな成長や変化を見つけすかさずほめることを積み上げていくべし
●変わろうとする瞬間も見逃さずにほめるべし

おわりに

　校長先生に，「こちらの指示をよく聞く集団ですよ」と言われて担任した学級を半年で崩壊させてしまったことがありました。その当時は，学級崩壊という言葉が全国を席巻するような時代ではなかったのですが，今から思えば，あのときの状況はまさしく学級崩壊だったと思います。

　前学年で荒れた学級を担任してほしいと頼まれたこともありました。当時はまだ若く，根拠のない自信がみなぎっていて，自分ならきっとこのクラスを立て直すことができるといきがっていました。しかし，結果的に私の圧力で子どもを抑えてしまっただけで，子どもに満足感や達成感を与えることはできませんでした。3月の修了式の日に，「これで，先生からやっと離れられる」と子どもたちが話すのを聞いて，ものすごくショックを受けたことを今でも覚えています。

　赴任して早々に，とんでもなく荒れた学級をもったこともありました。学校や保護者や社会に不満を抱いた子どもがクラスのほぼ全員を占め，学校中を荒らしていました。まずは，子どもたちに規律を求めましたが，やることなすこと全てを否定され，何もできないまま過ごした年もありました。

　1学期に崩壊したクラスを2学期から担任したこともありました。4月からの担任ではなかったことで，人間関係を築くことに大変苦慮しました。以前の担任の先生の尊厳も保ちつつ，私のカラーも出していかなくてはならなかったので，何をするにも気をつかいながら学級づくりをしなくてはなりませんでした。

　そんな過去を振り返るにつけ，私の脳裏をいつもよぎるのは，そのときに問題行動を起こしていた子どもではなく，その周囲にいた子どもたちのことです。

　その子たちは，騒々しい授業の中でも黙って耐えてくれていました。いつ暴言や暴力を浴びせられるかわからない中でも，毎日登校してくれました。

給食準備をしない子どもに代わって，配膳を手伝ってくれました。掃除をしない子どもがいるにもかかわらず，自分たちの担当場所をその子たちの分まできれいにしてくれていました。

　そういった子どもたちが，いつもそばで私を支えてくれていたことに気がついたのは，ずいぶん後になってからでした。しかし，そんな子どもたちに，私は何のスポットライトも当ててやっていませんでした。だから，当時を思い返すたびに反省するのです。

　荒れる学級において，問題行動を起こす子どもへの対応は必須です。しかし，その子たちだけが学級の子ではないのです。時間と場所を共有しながら，自分自身の成長に期待して登校している子どもの存在を，我々は忘れてはいけません。

　そういう子どもたちが，教師や学校への期待を裏切られ，自分の成長を捨て，どんどん無気力になっていく姿は，見るに堪えません。

　本当は，そういう子どもたちの力を借りて安心感のある学級づくりをしていくことが，荒れた子どもたちを振り向かせることにつながるのです。

　そんな安心感のある集団ができれば，いろいろと気になる部分をもった子どもも，みんなと一緒に過ごせるのではないでしょうか？　責任ばかりを追及するこの世の中で，人を許し合える温かいぬくもりのある集団ができるのではないでしょうか？

　私は，拙著を，学級立て直しに役立てるだけでなく，そういったぬくもりのある学級づくりにも役立てていただけるよう書いたつもりです。

　最後になりましたが，前著『荒れはじめに必ず効く！　学級立て直しガイド』に引き続いて執筆のチャンスをお与えいただき，さらに，いろいろなアドバイスやご指導をいただいた，明治図書の小松由梨香様に，心からお礼申し上げます。ありがとうございました。

2020年1月　高本　英樹

引用・参考文献一覧

● はじめに，序章3，3章「9月からの荒れのメカニズム」，4章「11月からの荒れのメカニズム」・3

　・河村茂雄（2012）『学級集団づくりのゼロ段階―学級経営力を高めるQ-U式学級集団づくり入門』（図書文化）

● 序章1・2，1章「4月からの荒れのメカニズム」，コラム（4月）

　・河村茂雄（2000）『学級崩壊予防・回復マニュアル―全体計画から1時間の進め方まで』（図書文化）

● 1章2・6・8・9，2章2・3・4，3章7

　・高本英樹（2018）『荒れはじめに必ず効く！学級立て直しガイド』（明治図書）

● 1章9，2月「6月からの荒れのメカニズム」

　・明治図書ONLINE　教育zine「勇気づけリーダーの学級経営」赤坂真二論文

● 1章5

　・古川光弘（2003）『1年生の授業　10分間パーツ教材で集中力を高める』（明治図書）

● 2章1，3章2，4章3

　・高本英樹「連載　そのサイン，クラスが荒れる前ぶれです」『授業力＆学級経営力』2019年5，8，9月号（明治図書）

● 2章7，3章3

　・アニー・ブロック／ヘザー・ハンドレー著，佐伯葉子訳（2019）『マインドセット学級経営』（東洋館出版社）

● 3章3

　・a 辻川和彦編著（2019）『給食指導　完ペキマニュアル』（明治図書）

　・b 辻川和彦編著（2019）『掃除指導　完ペキマニュアル』（明治図書）

　・松井恵子（2019）「達人直伝！"後伸び"につなげる学級メンテナンス術―自主性と自信を伸ばすメンテナンス術」『授業力＆学級経営力』2019年9月号（明治図書）

● 3章6

　・中村健一（2009）『子どもも先生も思いっきり笑える73のネタ大放出！』（黎明書房）

● 4章「11月からの荒れのメカニズム」・8

　・辻川和彦編著（2017）『現場発！失敗しないいじめ対応の基礎・基本』（日本標準）

【著者紹介】

高本　英樹（たかもと　ひでき）

　1969年岡山県生まれ。岡山県内公立小学校勤務。子どもの心に寄り添いながら，どの子も仲間とつながって，共に学び合える学級づくりを目指す。また，国語と理科や，体育と道徳など，教科を横断させたカリキュラムづくりについても研究をしている。最近は，主幹教諭として，自治的能力育成を目指した学校づくりや校内OJTの推進にも力を注いでいる。

　サークルやまびこ所属。教育サークルGrow up代表。

　単著に『荒れはじめに必ず効く！　学級立て直しガイド』，共著に，山田洋一編・「THE教師力」編集委員会著『THE学級崩壊立て直し』，サークルやまびこ著『スペシャリスト直伝！　授業参観＆保護者会成功の極意』（以上，明治図書），辻川和彦編著『現場発！失敗しないいじめ対応の基礎・基本』（日本標準），白石範孝編著『白石メソッド授業塾　汎用的な力をめざす！対話的で深い学びの授業のつくり方』（学事出版）など多数。

本文イラスト・カバーデザイン　松田美沙子

学級経営サポートBOOKS

いつからでも挽回できる！
時期別　学級立て直しガイド

2020年3月初版第1刷刊　©著　者　高　本　英　樹
　　　　　　　　　　　　　　発行者　藤　原　光　政
　　　　　　　　　　　　　　発行所　明治図書出版株式会社
　　　　　　　　　　　　　　　　http://www.meijitosho.co.jp
　　　　　　　　　　　　　　（企画・校正）小松由梨香
　　　　　〒114-0023　　東京都北区滝野川7-46-1
　　　　　振替00160-5-151318　電話03(5907)6701
　　　　　　　　　　ご注文窓口　電話03(5907)6668

＊検印省略　　　　　　組版所 株式会社アイデスク

Printed in Japan　　　　　　　ISBN978-4-18-302910-2
もれなくクーポンがもらえる！読者アンケートはこちらから

→

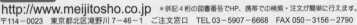